福建省教育科学"十四五"规划2021年度立项课题成
课题编号：FJJKZX21-252

核心素养视角下的
初中化学
课例深度剖析

李辉力 著

西南大学出版社
国家一级出版社 全国百佳图书出版单位

图书在版编目（CIP）数据
　　核心素养视角下的初中化学课例深度剖析 / 李辉力著. -- 重庆：西南大学出版社, 2024. 7. -- ISBN 978-7-5697-2484-4
　　Ⅰ. G633.82
　　中国国家版本馆CIP数据核字第2024B0U316号

核心素养视角下的初中化学课例深度剖析
HEXIN SUYANG SHIJIAO XIA DE CHUZHONG HUAXUE KELI SHENDU POUXI

李辉力　著

责任编辑： 胡君梅
责任校对： 陈　郁
装帧设计： 言之凿
出版发行： 西南大学出版社（原西南师范大学出版社）
　　　　　　地址：重庆市北碚区天生路2号
　　　　　　邮编：400715
印　　刷： 北京政采印刷服务有限公司
成品尺寸： 170 mm×240 mm
印　　张： 15.25
字　　数： 260千字
版　　次： 2024年7月　第1版
印　　次： 2024年7月　第1次印刷
书　　号： ISBN 978-7-5697-2484-4
定　　价： 58.00元

序言

苏霍姆林斯基曾经说过,一个教师不在于他教了多少年书,而在于他用心教了多少年书。如果你想让教师的劳动给教师带来乐趣,使天天上课不至于变成一种单调的义务,那你就应当引导每一位教师走上从事研究这条幸福的道路。针对课堂教学的实际案例开展研究,不但可以提升教学质量,还可发展教师专业能力。英国教育研究协会发表的研究报告《研究与教师职业》中明确提出,"所有教师都要具备研究素养",并将研究素养与实践经验、学科与教学知识并列作为教师职业身份的三个关键要素。在我国中小学中涌现出一大批具有较高研究能力的教师,比如于漪、李吉林等老师将教学和研究融为一体,成为教育家;江敏、保志明、陈进前、单晓海、徐少飞等化学教师通过对教学的深入思考和研究,不但促进了自身专业能力不断发展,还形成了珍贵的研究成果,带动了全国化学教师的成长。

本文作者李辉力老师,同样是一位热爱教学研究并取得丰硕成果的老师。与李老师相识于教育部领军教师培养项目,他与另外10名从全国选拔出来的优秀教师一起,作为领军教师学员到西南大学教师教育学院参与培养项目。我有幸担任了他们的指导教师,从此结下了相识相知之缘。在学习交流过程中,我进一步认识了这位优秀的化学教育专家。李老师具有热忱的教育情怀,他长期扎根教育第一线,一直保持着积极的教育热情。用他的话说,他喜欢上课,喜欢和学生在一起,喜欢看着学生成长。在完成学校教育工作的同时,李老师积极承担农村地区教育帮扶工作,通过自己的力量改善乡村地区教育质量,让乡村地区的孩子接受更好的教育。为了更好地开展教学，发展自己的专业能力，李老师积极开展教学研究。他承担了多项市级和省级教学研究项目，围绕课例进行理性探析，在理论和实践结合的基础上，不断探索初中化学教学的改进和创新。

这本书是李辉力老师课堂案例研究的结晶，在课题研究、教学思考、实验创新、试题创新和论文发表等部分体现了李老师的教学思考和智慧，对化学教师和研究者有积极的启发作用。

西南大学教授　张　军

前言

《荀子·大略》中讲"善学者尽其理，善行者究其难"。意思是：善于学习的人能透彻地认识事物的道理；善于实践的人能把事物中的疑难探究清楚。致知以求理为要，践行以克难为先。自1997年参加工作，我一直争取成为一名合格的人民教师。在这27年的教学生涯中，思虑太多，担心太多，阻碍太多，付出太多，偶尔会感到疲劳和厌倦，有时会迷失方向。于是，时刻提醒自己遵从自己内心的声音，重拾选择教师职业时的那份初心，重新回到正确的方向，坚持学习，向更高的山峰出发。

《礼记·中庸》也提到"博学之，审问之，慎思之，明辨之，笃行之"。博学，学习要广泛涉猎；审问，有针对性地提问请教；慎思，学会周全地思考；明辨，形成清晰的判断力；笃行，用学习得来的知识和思想指导实践。由博学到精通还需要经历审问、慎思、明辨、笃行的层层淬炼。学思须相结合，而思虑则须审慎，因为思虑过多则容易思绪纷乱而不能专一，思虑过度则容易不切实际而有失客观，而思虑肤浅则不容易抓住问题的实质。只有审慎地思考才能正确地认识问题、解决问题，之后会形成一套思想理论和评判体系，而在将其付诸实践之前，还需要对其进行明晰的分辨，即可行性的论证。明辨是治学的最后一个环节，也是笃行的开端。笃行包含：一是对常规之事能切实去做，持之以恒；二是对困难之事能不畏艰难，勇于承担。

教师的专业发展建立在平常教学的基础上，在教学过程中深刻反思、发现问题、专心研究、改进创新、实践验证，解决教学问题并使自己成长。笔者将多年的教学实践和理论思考写成本书。全书的内容分为五篇，包括"第一篇　课例研究提升教学质量""第二篇　教学思考促进专业发展""第三篇　实验创新感受化学魅力""第四篇　试题研究践行教学改革""第五篇　论文发表彰显深度反思"等五部分。每一篇章分为若干节，各节内容相对独立，存在一定互补关系。该书主要讲述教师专业发展的五项内容——课题研究、教学思考、实验创新、试题创作、论文发表。"课例研究"是教师专业成长的有效载体；"教学思考"是教师专业成长的必经之路；"实验创新"是教师专业成长的重要途径；"试题研究"是教师专业成长的有效方法；"论文发表"是教师专业成长的重要条件。

　　本书只是笔者多年教学实践和经验的总结，书中很多观点和做法处于浅显的层次，没有高深的理论支撑，有的只是教学过程中一点一滴的经验积累，希望能给读者带来一些启发和思考；也争取通过学习心理规律、认知效应和教学原理等理论知识，将实践经验与教学理论相结合，形成高效的教学方法与策略，促进学生核心素养的全面发展。

　　由于笔者水平有限，教学实践与理论思考并不全面，书中很多教学方法和观点存在不足和片面性，希望读者能提出修改措施。教师专业成长路虽远行则将至，事虽难做则必成。

　　希望本书能起到抛砖引玉的作用，与诸君在成长之路结伴前行。

　　"岁不寒无以知松柏，事不难无以知君子。"君子要有恒德，不因遭受到困苦和艰难就改变自己的志向，要以持之以恒、不畏艰难的品格面对难题，攻克难题。本书能得以顺利出版，感谢福建省泉州第五中学的领导、同事和同学们，为本书提供了良好的教学环境和宽阔的成长平台；也要感谢黄志华、孔祥斌、梁淑珍、侯晓宗、黄晓萍等无私的帮助；特别感谢张军教授在教学理论上的指导，为本书的写作提供帮助和支持！

李辉力

2024年3月13日

目录

第一篇

课例研究提升教学质量

基于学科核心素养的初中化学课例研究 ……………………………… 2

初中化学不同课型教学策略的实证研究 ………………………………10

区域教研的行动研究——课例研究 ………………………………………17

健全校本教研制度　提升教育教学质量 ………………………………27

第二篇

教学思考促进专业发展

教育教学主张——探究者的化学 …………………………………………38

深入研究课程标准　促进教师专业发展 ………………………………45

脚踏实地思教学　仰望星空促发展 ………………………………………61

教学反思定主题　课例研究出方案 ………………………………………72

上好第一堂课　人生只如初见 ……………………………………………81

第三篇

实验创新感受化学魅力

初中化学"另类"实验微课的开发与应用 ……………………………94

钻研教学策略　发展科学思维 ……………………………………………108

化学实验改进与创新：做中学　用中学　创中学 …………… 131

一起经历科学探究　感受化学实验魅力 ………………………… 143

第四篇
试题研究践行教学改革

原创试题背后是教师对化学学科的认知 …………………………… 152

分析中考化学试题　践行课堂教学改革

——2021至2023年福建省中考化学试题分析及启示 ………… 166

在教学实践中提升命题能力 ………………………………………… 178

化学试卷讲评课的教学策略 ………………………………………… 190

化知识点为试题　学知识点以解题

——初中化学学科中考复习学案的编写 ……………………… 199

第五篇
论文发表彰显深度反思

基于证据推理的实验探究

——NaOH与CO_2反应的再探究 …………………………… 214

以真实的试题实验情境培育学生的核心素养 …………………… 224

氢氧化钠固体与二氧化碳气体反应的理论分析与实验研究 ……… 232

第一篇 课例研究提升教学质量

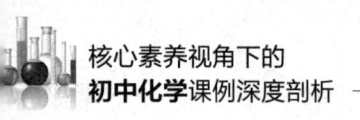

基于学科核心素养的初中化学课例研究

一、课题的核心概念及其界定

核心素养：中国学生发展核心素养以培养"全面发展的人"为核心，分为文化基础、自主发展、社会参与3个方面，综合表现为人文底蕴、科学精神、学会学习、健康生活、责任担当、实践创新等六大素养，具体细化为国家认同等18个基本要点。

课例研究：课例研究是以学生学习和发展中出现的问题为研究对象，以教师为主导，通过集体合作确立主题、教学设计、上课和观课、评价与反思以及分享成果等促进教师专业发展，进而促进学生学习和发展的循环过程，其本质是一种行动研究。

二、国内外同一研究领域现状与研究的价值核心素养

（一）核心素养

2014年教育部研制印发《关于全面深化课程改革落实立德树人根本任务的意见》，提出"教育部将组织研究提出各学段学生发展核心素养体系，明确学生应具备的适应终身发展和社会发展需要的必备品格和关键能力"。研究工作历时三年，联合课题组由北京师范大学等多所高校的近百名研究人员组成。

中国学生发展核心素养以培养"全面发展的人"为核心，分为文化基础、自主发展、社会参与3个方面，综合表现为人文底蕴、科学精神、学会学习、健康生活、责任担当、实践创新等六大素养，具体细化为国家认同等18个基本要

点。核心素养课题组历时三年集中攻关，并经教育部基础教育课程教材专家工作委员会审议，最终形成研究成果，确立了以下六大学生核心素养。

文化基础：人文底蕴；科学精神。

自主发展：学会学习；健康生活。

社会参与：责任担当；实践创新。

（二）课例研究

在国外，斯蒂格勒和希伯特从教师专业发展的角度出发，认为课例研究是教师寻求提升课堂中教与学的一种校本的、合作的专业发展过程。派瑞和刘易斯则侧重课例研究的过程，指出课例研究是以教师为主导，多位教师一起为促进学生学习制订目标、设计教案、上课及观课，并且对所教的课进行反思、提升教学的循环过程。在国内，安桂清认为课例研究是一个融合教学实践、知识、心智模式、人际关系、支持合作性研究的结构与工具等要素的复杂的教师学习体系。耿帅认为课例研究属于实践研究，它以具体的一节课为对象展开研究，解决教学中存在的某些问题，把研究融入备课、说课、上课、观课、评课的全过程。

综合大多数学者的观点发现，对于什么是课例研究都有这样一些共识：

（1）其本质是一种行动研究；

（2）教师是课例研究的主导；

（3）以教师集体合作为主要特征；

（4）以学生学习和发展中出现的问题为研究对象；

（5）目的在于通过教师专业发展进而促进学生的学习和发展；

（6）具体步骤主要包括确立主题、教学设计、上课和观课、评价与反思以及分享成果等；

（7）课例研究是一个循环的过程。

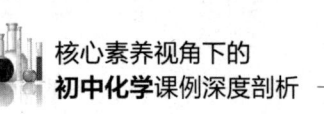

三、研究设计

（一）研究的目标、内容与重点

1. 研究目标

基于化学学科核心素养，系统地开展初中化学教学课例研究，优化初中化学教学，形成系统的教学课例，为一线教学积累宝贵的教学研究经验。以课例研究引领教师群体，通过持之以恒地学习和研究，形成和谐互动的教师培训专业成长共同体。

2. 研究内容

（1）核心素养

核心素养是党的教育方针的具体化，是连接宏观教育理念、培养目标与具体教育教学实践的中间环节。明确学生应具备的必备品格和关键能力，深入回答"立什么德、树什么人"的根本问题，引领课程改革和育人模式变革。化学学科核心素养主要包含：宏观辨识与微观解析；变化观念与平衡思想；证据推理与模型认知；实验探究与创新意识；科学精神与社会责任。

（2）课例

课例研究是在新课程改革深入开展的背景下产生的一种教师培训活动方式，是教师课堂教学"轨迹"的真实反映，是一种以"课例"为载体，以观察为手段，以教学问题为对象，以互动对话为特征，以行为改变为目的的教学研究。它围绕如何上好一节课而展开，研究渗透或融入教学全过程，贯穿在备课、设计、上课、评课等教学环节之中。活动方式以同伴成员的沟通、交流、讨论为主，研究成果主要呈现样式是文本的教案和案例式的课堂教学。所以课例研究是一种"教学与研究一体化"，能行之有效地提高教师专业素养和教学质量的有效手段，是走教师培训共同体之路的力量源泉。

3. 研究重点

对主要课例的特征及体现核心素养的主要方法和手段分述如下：

（1）元素化合物课

元素化合物课要以实验为基础，让学生通过观察实验、操作实验、分析实验和设计实验来感受、理解元素化合物知识的发现和发展的过程，让学生初步学会化学思维方法，培养学生的宏观辨识、微观解析、宏微结合、证据推理、变化观念、科学态度和创新意识等核心素养。

（2）概念（理论）课

概念（理论）课要重视概念的建立过程，要让学生感受、理解概念和理论的产生和发展过程，培养学生的思维能力、科学态度和模型认知等核心素养。

（3）化学计算（技能）课

从教学特征看，化学用语，即元素符号、化合价、化学式的书写与命名、化学方程式的书写及配平等以一些基本技能训练内容为主的课也属这一课型，旨在培养学生的科学态度、模型认知和证据推理等核心素养。

（4）学生实验课

指导学生设计一些实验方案，解决一些化学真实实验问题，从而激发学生的学习热情，培养他们利用化学实验解决问题的实验探究能力，形成创新意识、证据推理与宏微结合、团队合作与社会责任等核心素养。

（5）复习课

要有鲜明的针对性，要根据目标突出主线和重点。复习课要有必要的例题（或讲评）和训练；课堂结构上，讲、练、评三者要有合理的比例。在重点内容上设置真实生动的情境，调动兴趣，发展能力，培养证据推理、模型认知、科学探究和平衡思想等核心素养。

（6）讲评课

核心素养下的试题讲评，应重点分析试题中所考查的学科核心知识和体现的化学学科核心素养，让学生在解决试题的同时提升自身的核心素养。

（二）研究的思路、过程与方法

1. 研究思路

以不同类型知识的课例为载体，基于化学核心素养开展教学实践。

课例研究实施的基本步骤包括：确立主题、教学设计、上课和观课、评价与反思、修改设计（可选）、重新执教和观课（可选）、再次评价和反思（可选）、分享成果。以下就每个步骤分别予以简要的说明，流程图如图1所示：

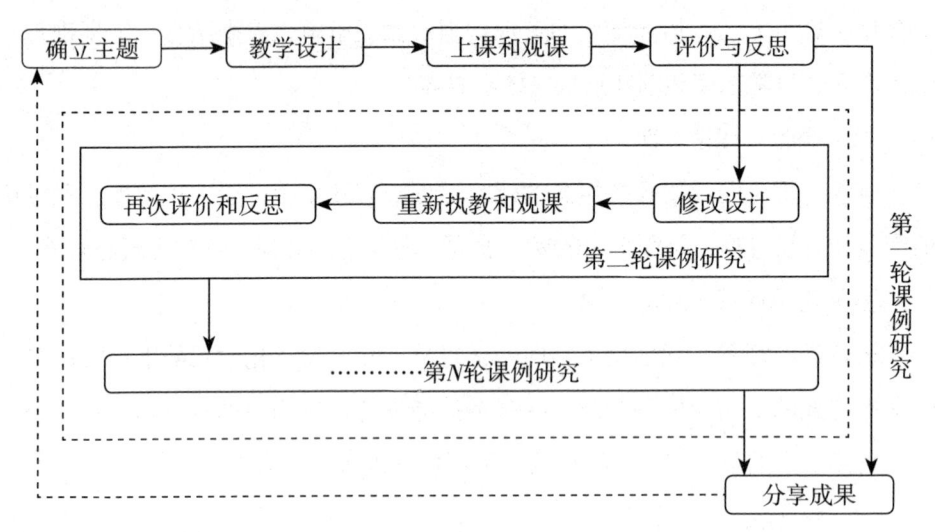

图1 课例研究实施的具体步骤

（1）研究主题

研究主题来源于客观现实问题，只有从现实问题中确定的主题才具有研究的价值，才是课例研究真正的起点。教师确定的问题必须是围绕着学生的，是学生目前遇到的问题或将来可能会遇到的问题，而不是教师主观臆想出来的问题，通过解决该问题能够促进学生的学习和发展。为了做到这一点，就需要对学生进行观察和充分了解，一旦明确了研究问题，就可以将其提炼成研究主题。

（2）教学设计

课例研究教学设计和传统教案是不一致的。首先，研究课设计是由课例研究共同体内所有成员共同参与完成的，强调教师集体合作；其次，研究课设计基于传统教案根据研究主题进行设计而来，既有共性又有特性；再次，研究课设计需要在查阅资料的基础上进行，对于如何解决确定的问题要有较为清晰的认识；最后，研究课设计还应该包括"预期的学生反应"和"应对策略"等部分。

（3）上课和观课

上课是对研究课设计的检验，观课则是为了从课堂实践中发现问题和不足，从而进一步修改研究课设计。这两部分是缺一不可的，因为正在上课的教师必须对学生的反应立即做出判断，没有充裕的时间去思考这么做是否合适或者能否做得更好，而观课教师则正好可以弥补这一缺陷。一方面，上课的教师能够更加客观地了解自己的教学；另一方面，集思广益，为下一轮研究课设计提供丰富的资源。

（4）评价与反思

在这一点上正如佐藤学教授所言："研讨教学问题的目的绝不是对授课情况的好坏进行评价，因为对上课好坏的议论只会彼此伤害。"评价与反思的焦点应集中在授课中的"困难"和"乐趣"、学生的反应、通过该实施课例是否达到了预期的目的以及如何进一步完善等方面，其目的是进一步修改教学设计以更好地解决学生学习和发展中的问题。

（5）分享成果

在一个课例研究结束后（并非一轮），教师通过课例研究一方面解决了学生遇到的问题，另一方面也促进了自身的专业发展。通过与他人分享和展示自己的成果，不仅可以对其他教师产生积极的借鉴作用，还可以激励自己进一步开展课例研究以获得更深层次的发展。

在同一主题下，如果只做一轮课例研究，那么经过确立主题、设计教案、上课和观课、评价与反思、分享成果五个步骤即可完成。两轮课例研究则在第一轮评价与反思之后，继续进行修改教案、重新执教和观课、再次评价和反思，最后才回到分享成果完成第二轮。第三轮、第四轮等可仿照第二轮继续循环。以上是在同一主题下进行的一轮或多轮课例研究，在最后分享成果结束后可重新返回到确立主题的起点，继而开始第二次课例研究。

2. 研究过程

本课题预定用两年时间完成。研究分为申报、前期实施、中期检查、后期实施和总结鉴定阶段。

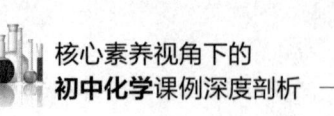

第一阶段：2021年8月，立项课题。课题组成员学习相关教育理论，明确课题研究的目的和意义，制订详细的研究计划。

第二阶段：2021年9月至2022年6月，组织实施阶段。深入研究化学学科核心素养，结合课例研究，在教学中充分培养学生的核心素养。课题组成员轮流定期组织上好研究课。在广泛研究的基础上，力争初步形成各种课型课例（每种课型3至5个课例）。

已经进行三轮以上研究的课例有："化合物化学式的书写""燃烧与灭火""碳与碳的氧化物（单元复习课）""常见金属的化学性质""常见的碳酸盐""常见碱的化学性质""谈谈酸和碱的那些事（中和反应）""复分解化学方程式的书写""再探氢氧化钠与二氧化碳的反应情况""选择题讲评""化知识点为试题，学知识点以解题""再探金属与稀酸反应速率的影响因素""实验探究题的解题思维"和"物质推断题解析"等。

第三阶段：2022年7月至9月，阶段性成果，中期检查。课题组成员每人上交研究总结报告和较高质量的论文或优秀课例、优秀课件（上教版教材第1至9章、中考复习），制订第二轮课例研究计划。

第四阶段：2022年9月至2023年4月，总结阶段性成果。课题组成员上交研究总结报告和较高质量论文或优秀课例、优秀课件（上教版教材第1至9章、中考复习的第二轮课例研究报告）。

第五阶段：2023年5月至2023年7月，结题。组长做总结性报告，整理实验成果，邀请有关专家和领导对课题成果进行鉴定。主要成果形式为"基于学科核心素养的初中化学课例研究"（包括优秀论文、优质课展示、优秀课例集、优秀课件集、课题研究总结报告讲座、成果推广讲座等）。

3. 研究方法

（1）文献研究法。搜集、鉴别、整理相关文献和最新相关研究成果，通过对文献的研究形成对课例研究的科学方法，构建课例研究的范式。

（2）行动研究法。课例研究本质是一种行动研究，教学本身是一种行动研究，以学生学习和发展中出现的问题为研究对象。课例研究是一个循环的过程。

（3）个案研究法。通过分析和调查近五年学生对于重点知识的学习情况，确定课例研究的主题和方法。

（4）比较研究法。研究不同学生、不同班级或不同学校学生对于同一个知识点的理解程度并进行比较考查，寻找其异同，探求普遍规律与特殊规律。

（5）经验总结法。对具体课例研究进行归纳与分析使之系统化、理论化，上升为范式和策略等经验，积极推广先进的课例研究经验。

参考文献

［1］安桂清.课例研究：信念、行动与保障［J］.全球教育展望，2007（3）：42-46.

［2］耿帅.课例研究：备受教师关注的教育科研形式［J］.潍坊教育学院学报，2009，22（2）：96-98.

［3］蔡清田.教育行动研究［M］.南京：南京师范大学出版社，2005.

［4］Clea Fernandez，Makoto Yoshida.课例研究［M］.马晓梅，邓小玲，译.石家庄：河北出版社，2007.

［5］佐藤学.静悄悄的革命：创造活动、合作、反思的综合学习课程［M］.李季湄，译.长春：长春出版社，2003.

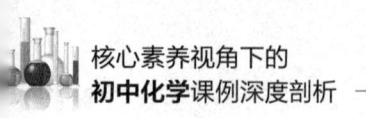

初中化学不同课型教学策略的实证研究

一、研究背景

化学学科作为自然科学的重要分支，不仅对物质文明的进步和人类对自然界认识的深化起到了重要的推动作用，而且对人类的思维发展也产生了不可或缺的影响。在义务教育阶段，化学课程不仅应该注重科学知识的传授和技能的训练，注重将化学科学的新成就及其对人类文明的影响等纳入课程，而且还应重视对学生终身学习愿望、科学探究能力、创新意识以及科学精神的培养。因此，化学课程的构建应注重让学生经历从自然到化学、从生活到化学的认识过程，经历基本的科学探究实践，注重化学学科与其他学科的融合，使学生得到全面发展。

美国学者梅里尔·哈明在《教学的革命》一书中指出，鼓舞人心的课堂辉映着学生最健康、最富有成效的五种品质——尊严、活力、自我管理、集体感、意识。在实践中教师应不断进行反思、改进，强化课程意识，实现真正意义上的教学觉醒，真正走进新课程。化学新课程着力改变简单的死记硬背、机械训练的学习方式，它提倡学生的自主学习、乐于探究，有获取新知识的能力和分析、解决问题的能力。在课堂进行有效引导、指导，组织学生开展学习活动，引领学生进行探究性学习，是开展探究性教学不可回避的问题。

本研究以课程改革目标要求为宗旨，紧紧围绕"不同课型教学策略"这一主题，以充分体现课型教学"优化课堂环节，活化教学资源，绽放师生智慧"

的特点，发挥课型教学"激活课堂，提高课堂质量和效果"的功能为出发点，求索能满足学生需要，适合教材特点、符合课程标准、充满实效与互动的适合自己教学风格的课型教学策略。教师在教学的过程中，要努力成为学生学习的促进者、组织者和引导者。"初中化学不同课型教学策略的实证研究"的开展，可以有效地促进教师优化自身的学科素养，转变教师传统的机械训练式的教学方法，有利于教师进一步关注自身专业化水平的提升，有利于学生自主创新意识的形成和实践能力培养，有利于进一步丰富初中化学不同课型教学策略的实践经验。

二、理论依据

课堂教学的课型泛指课的类型或模型，是课堂教学最具有操作性的教学结构和程序。现代教学理论认为，教学过程结构是课型分类的主要依据之一，特定的课型必然有特定的教学过程结构。通过对课型的研究，教师可以更好地掌握各种类型课的教学目的、教学结构、教学方法等方面的规律，提高教学设计、实施和评价的能力。

在《辞海》中"策略"一词指的是"计策、谋略"。关于教学策略的定义，在我国早些年出版的《教育大辞典》中是鲜见的。教学策略这一术语在近年来讨论得比较多，以下是关于教学策略的三种观点：教学策略是指教师在课堂上为达到课程目标而采取的一套特定的方式或方法；所谓教学策略，是在教学目标确定以后，根据已定的教学任务和学生的特征，有针对性地选择与组合相关的教学内容、教学组织形式、教学方法和技术，形成的具有效率意义的特定教学方案；教学策略是为了达成教学目的，完成教学任务，而在对教学活动清晰认识的基础上对教学活动进行调节和控制的一系列执行过程。

教学策略是为达成教学目标而采用的一整套比较灵活的教学行为，它是教师在教学实践中依据教学的计划、学生的身心特点对教学原则、教学模式、教学方法的一种变通性的应用。教学策略是在教学规律的指导下，教师根据特定的教育、教学情境对教学原则、教学模式、教学方法的变通使用，它的稳定性

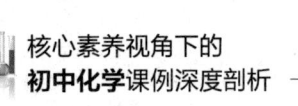

相对来说不足，而更具有灵活性。

本研究选取了《化学教育》《化学教学》《化学教与学》3种期刊和《新课程教学法》（郑长龙著）、《新课程理念与初中化学课程改革》（吴俊明主编）、《新课程典型课案例与点评·初中化学》（赵宁主编）、《教学策略的概念、结构及其运用》（和学新著）、《化学教学论》（刘知新著）等著作作为资料来源，并深入研究《义务教育化学课程标准（2022年版）》。研究者对近十年涉及有关化学课型及教学策略的文章进行了学习，并对其中的几种策略做了详细的探讨，对我国目前化学教学策略研究的现状有了比较全面的了解。

三、研究内容

常规化学课有各种课型，例如新授课（包括元素化合物课、概念理论课、化学计算课等）、实验课、练习（包括讲评）课和复习课。各类课型的教学都必须突出知识的产生和发展的过程，使学生逐步学会化学思维方法和学习方法。现对其中主要课型的特征及课堂教学优化的主要教学策略分述如下。

（一）元素化合物课

元素化合物课主要包括无机元素化合物课。元素化合物课要以实验为基础，让学生通过观察实验、操作实验、分析实验和设计实验来感受、理解元素化合物知识的发现和发展的过程，初步学会化学思维方法。教师要精心改进课本上的一些已明显不适应当前教学改革要求的演示实验，适当减少一些验证性实验，设计一些探索性强的新实验。实验的设计与组合要有利于掌握化学事实，揭示反应规律。通过实验设置情境，必须使实验内容具有足够的思考性和趣味性，必须能激发学生的兴趣，调动学生的学习积极性，启动他们的思维欲望。这样的实验无须复杂，但要现象明显，一定要设计与实验同步的问题组，以帮助学生突破学习的难点，有效地训练学生观察、分析和归纳的能力。

氧气、二氧化碳、水、铁、盐酸、氢氧化钠、碳酸钙、碳酸钠等物质的性质及其相关反应、用途、制取等课，主要引导学生形成实验、观察、归纳、总结等方面的能力。

（二）概念（理论）课

概念（理论）课要重视概念的建立过程，要让学生感受、理解概念和理论的产生和发展过程，培养学生的思维能力、科学精神和创新意识。概念（理论）课要提供尽可能充足的实验事实或数据，帮助学生形成概念。概念（理论）课要注意运用准确、简明和逻辑性强的语言，通过归纳的方法，抽象化学事实和化学现象的本质特征，或通过演绎的方法，分析新概念与原有概念的异同，给概念下定义。

原子、分子、离子、元素、化合价、化学式、相对原子质量、化学方程式、化学反应类型、溶解度等，主要是要引导学生形成化学微粒观、化学用语、化学思维，在此基础上进行这类课型的教学能起到事半功倍的效果。

（三）化学计算（技能）课

化学计算（技能）课要根据教学目标和学生实际，合理组织例题。化学计算（技能）课例题的剖析要紧扣化学概念、化学原理和元素化合物知识进行，要有思路分析和方法归纳，要突出学科思想（如质量守恒）的指导作用。化学计算（技能）课要讲练结合，要有充分的学生活动量，训练内容的组织要有内在联系和针对性，提倡通过题组设计发挥训练的整体功能。化学计算（技能）课要注意与数学、物理等学科知识的结合和应用。

从教学特征看，化学式的计算、化学反应的质量关系、溶液的溶质质量分数、溶解度的计算等为主的课也属这一课型。这类课型要引导学生从化学的角度去分析计算题，要让学生思考题目，找出题目中各物质之间的质量关系，应用数学的知识来解决化学问题。一定要让学生自己动手解决习题，才能形成自己的化学计算思维。

（四）学生实验课

学生实验课在实验前要通过检查、预习等方法让学生明确实验目的，要安排合理的时间进行实验前指导。学生实验要切实做好组织管理，在实验过程中要有巡视辅导，及时纠正不正确的操作，尤其要及时引导学生对正常或异常实验现象进行认真分析。学生实验后，要通过小结加强化学实验中思维的训练和科学态度的培养。教师要指导学生设计一些实验方案，解决一些化学实验问题，从而激发学生的学习热情，培养解决化学实验问题的能力和创新意识。让学生会做实验，学生才能真正喜欢上化学实验课，才能学好化学知识。

（五）复习课

复习课要对复习内容进行合理的重组，通过知识的整理突出知识的内在联系，形成知识结构。复习课要有鲜明的针对性，要根据目标突出主线和重点。复习课要有必要的例题讲评和训练；课堂结构上，讲、练、评三者要有合理的比例。复习课要在重点内容上设置情境，调动兴趣，发展能力。

对于这类课型，由于复习时间较少，临近中考，学生学习压力较大，为了能有效复习，可设计初中化学科中考复习学案，利用学案让学生先复习重要知识点，再由教师以模块或专题的形式复习，最后以学案中的习题来巩固，达成有效的中考复习。

（六）讲评课

讲评既包括总复习中测试后的讲评课，也包括平常作业练习的讲评课。讲评要有针对性，要在系统分析内容和学生后选择重点讲评。讲评要分析思路和归纳方法（分析正确和错误的原因，分析怎样组织正确的思路，总结同类题解题方法），要在重点内容上延伸和拓展（其他解法、题目归类、联系和变形等），在必要时要有强化训练。

习题讲评是初中化学课堂教学的重要组成部分。从教师的"教"和学生的"学"进行化学试卷讲评课的有效教学策略，包括教师"教"的策略：课前准备、统计分析、及时讲评、突出重点、全面拓展；学生"学"的策略：主体作用、强化巩固、自主反思。

四、研究方法

实证研究以"行动研究"为主，兼用综合调查法、文献检索法、个案研究法等。

（一）文献检索法

综合运用各种路径（文件、会议、报刊、网络、考察等）关注影响不同课型教学策略的因素及其变化对中学化学教学的影响；及时了解最新化学教改相关成果的内涵和得失；深入研究并最大限度地把握与研究相关的教学原理和理论，提升研究理论层次。

（二）综合调查法

综合运用各种调查方法和手段（问卷、座谈等），有计划、分阶段地展开不同课型教学策略的实证研究，全面了解当前不同课型教学策略存在的问题，征求基于新课程下不同课型的教学策略。

（三）个案研究法

依托学校的力量进行分项研究，将同类学校进行相关对比、分析，不断矫正行动策略，不断发现问题，探讨解决问题的路径和方法，在总结个案经验和教训的基础上形成不同课型教学的基本准备策略、实施策略、评价指标体系。

（四）研究成果

积极开展不同课型教学策略的学习和研究，借鉴国内外教学策略构建的理论和实践，选用和构建符合素质教育思想的化学课型教学策略。每种教学策略都要充分体现有利于学生的全面发展，要有多种课型教学策略所组成的教学策略群以供教师为实现不同的教学目标而选用。

实证研究的部分理论成果：

运用课型教学策略理念更新化学教师的教育观念，提高化学教师的整体素质，促进中学化学教学质量的提升；改变传统的课型教学模式，探索以探究式、启发式等多种教学策略为主的课堂教育教学模式；启发和培养学生浓厚的学习兴趣，激发学生的学习愿望和情感，增强其学习意志，训练其良好的学习行为及习惯，养成终身学习的态度和能力；培养学生创新意识和创新精神；开发适合于不同课型的教学课件、教学设计、习题集、测试题等资源库；以课型教学策略来提高教学质量和切实减轻学生学习化学科学的负担。

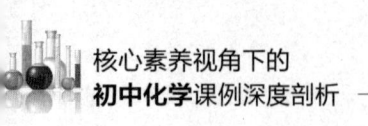

实证研究的部分实践成果有：

校本习题集：《初三化学单元习题集（1～9章）》；

校本复习学案：《初三化学中考复习学案》。

教学设计和课件集：上教版九年级化学教材及中考复习所涉及知识的教学设计和课件。

五、存在问题及今后设想

（一）教师科研水平还需加强

教学研究科学性很强，对教师素质的要求高，需要教师加强学习、研究、实践和总结，并争取得到教育专家和同行教学能手的指导。

（二）研究信息化的能力与水平不高

现代教育技术的培训工作要常抓不懈，通过各种专题的校本培训和各种比赛，提高教师的现代教育技术水平，培养一批课件制作、网络教学、实验视频录制、微课制作、实验创新等方面的骨干教师，进一步优化教学研究的人力资源。

（三）教学成果不显著

学生方面的成果比较难以体现。除了反映学生思维能力水平提高的调查报告外，学生的进步主要体现在课堂教学中。教师要加强教学策略研究，提高课堂教学效率，让学生的核心素养真正获得提高。

如何运用启发式教学理念，在课堂教学中培养学生良好的思维品质，思路已基本清晰，轮廓初显。全面落实现代课堂教学理念，把课堂上的主体地位还给学生，使学生成为课堂的真正主人。让学生不再是被动地接受知识，而是主动地、生动活泼地学习和发展，使学生的主体作用得到充分发挥。在课堂上，让学生当主角，教师当导演，在教师的精心策划下，从教学设计、教学程序的进展，到形成准确的结论，其间教师只起调节引导的作用。

区域教研的行动研究——课例研究

《义务教育化学课程标准（2022年版）》指出，要深刻认识新时代教研工作的意义和价值，深入研究化学课程育人价值、学生核心素养发展的特点和规律，注重提升教师化学课程育人的能力。倡导教研活动课程化，整体设计教研目标、内容及方式，提高教研活动的针对性。依据教师在理解和实施课程标准中的需求，指导教师钻研课程标准和教材，聚焦关键问题，促进教学改进。针对课程实施重难点，开展系列主题教研活动，探索核心素养导向的化学教学与评价的有效途径及策略。丰富教研活动途径，创新教研活动方式，注重个性化指导服务。采用专题讲座、案例研讨、工作坊、微论坛、现场指导、在线教研、课题带动、项目推动等多种教研方式，积极探索信息技术支持下的教研模式改革。注重教研共同体建设，汇集高等院校、科研院所、学术团体等机构的专业力量，形成专家学者、教研员、优秀一线教师联动机制。教研机构可在本区域内建设学科教研基地，重视一线教师优秀经验的提炼和共享，提高教研供给的丰富性，及时发现、培育、总结和推广学校及一线教师的教育教学成果。

课例研究很适合一线教师的教学区域教研模式，通过课例研究可以深入学习落实新课程标准，将课例研究的基本步骤与新课程标准的内容紧密地结合在一起，在课例研究过程中深入学习贯彻课程标准。

派瑞和刘易斯指出，课例研究是以教师为主导，多位教师一起为促进学生学习制订目标、设计教案、上课及观课，并且对所教的课进行反思提升教学的循环过程。耿帅认为课例研究属于实践研究，是以具体的一节课为对象展开研究，解决教学中存在的某些问题，把研究融入备课、说课、上课、观课、评课的全过程。课例研究的实施包括至少5个基本步骤：确立主题、教学设计、上课和观课、评价与反思、修改设计（可选）、重新执教和观课（可选）、再次评价和反思（可选）、分享成果。

一、确定主题

研究主题来源于客观现实问题，只有从现实问题中确定的主题才具有研究的价值，才是课例研究真正的起点。教师确定的问题必须是围绕着学生的，是学生目前遇到的问题或将来可能会遇到的问题，而不是教师主观臆想出来的问题，通过解决该问题能够促进学生的学习和发展。为了做到这一点，就需要对学生进行观察和充分了解，一旦明确了研究的问题，就可以将其提炼成研究主题。

在"第3章　物质构成的奥秘"教学过程中，通过对学生与教师的问卷调查，确定了以下研究主题与教学方案（如表1所示）。

表1　"第3章　物质构成的奥秘"的研究主题与教学方案

研究主题	教学方案
如何理解原子、分子、离子	从中文名称角度对这三种微粒进行解释： 原子是化学变化中最小（最根本）的微粒； 分子在化学变化中可分解为原子； 离子是原子中部分电子离开（或原子得到电子）后得到的微观粒子
知识点之间的讲解顺序（教材的知识顺序：分子、原子、离子、元素、化合价、化学式）	根据学生的认知规律将教学顺序调整为： 原子的发现过程；原子的结构；原子的结构示意图；最外层电子的得失情况（8电子稳定结构）；原子与原子之间的结合方式；离子（化合价）；分子；从原子结构示意图分析得出元素的定义；元素符号的含义；化学式的书写、含义、相关计算。
化合物的化学式书写	化合物的化学式书写是综合性很高的知识点，所需的基础知识有：元素（或原子团）符号及其化合价；名称与化学式的关系；化学式中正负化合价代数和为零的原则。此处要求比较高的是名称与化学式的关系，比如碳酸钠中的"碳酸"实际是指"碳酸根（CO_3^{2-}）"。

课例研究后确定"第3章 物质构成的奥秘"的思维导图,如图1所示。

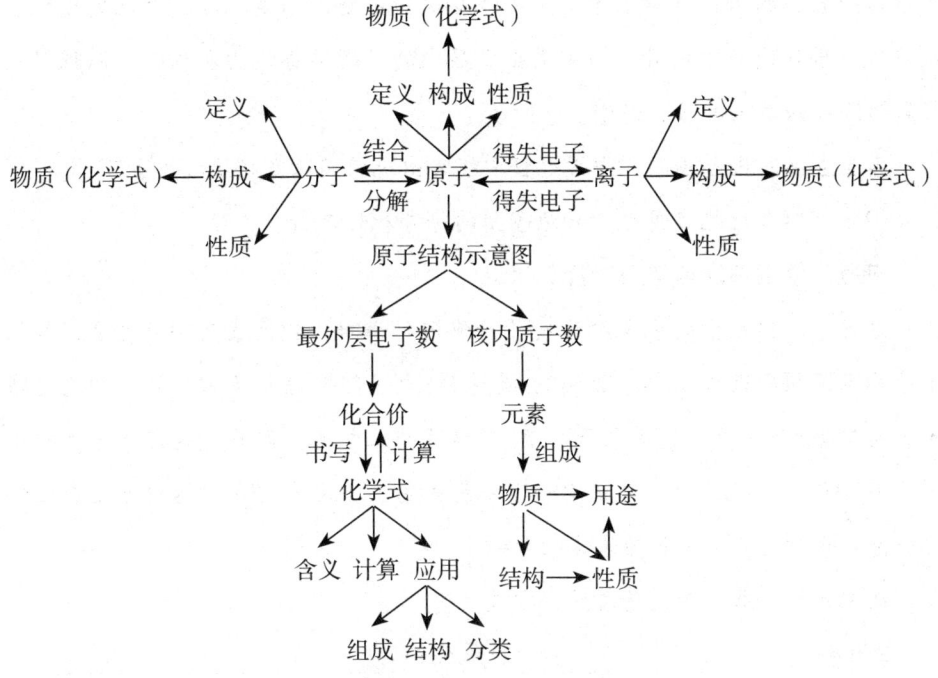

```
                          物质(化学式)
                               ↑
         定义      定义 构成 性质                 定义
                      结合        得失电子
物质(化学式)←构成←分子 ⇄ 原子 ⇌ 离子→构成→物质(化学式)
                      分解        得失电子
         性质           ↓                       性质
                   原子结构示意图
                    ↙        ↘
              最外层电子数    核内质子数
                    ↓            ↓
                   化合价         元素
                书写↓↑计算       ↓组成
                   化学式       物质→用途
                  ↙  ↓  ↘         ↓
              含义 计算 应用    结构→性质
                    ↓
              组成 结构 分类
```

图1 "第3章 物质构成的奥秘"之思维导图

教学过程中存在学生在课堂上能听懂教师所讲授的内容或习题,但当学生面对类似的习题时却束手无策。教师在课堂讲授习题时就像是开启"导航"功能,每一个步骤需要什么知识、要做什么、怎么做都很清晰地展示于学生面前,学生自然很容易就到达目的地。学生独自面对习题时是没有开启"导航"功能的,所需的知识全部来自大脑的储备,每一个步骤都来自平时的积累和练习。这种情况主要涉及技能类的知识:化合物化学式的书写、含义、计算;化学方程式的书写(配平);图表的分析;流程图的分析;科学实验探究过程等。

以"化合物化学式的书写"为例:

有的教师给学生提供了元素及原子团的符号和化合价,然后让学生组合成化合物的化学式,将大量的时间用于机械地训练正负化合价的代数和为零。这种教学方式培养出来的大部分学生最终独自面对物质名称时还是无法正确书写出物质的化学式。书写化合物的化学式对学生的综合能力要求很高,评价学生化学式书写能力达到什么层次，必须设计相应的习题进行检验。设计不同层次难度习题的目的不是让学困生只完成低层次的习题，而是让学困生在完成低层次习题时得到能力的提升，为完成更高层次的习题储备能力和信心，以低层次习题为阶梯向高层次习题递进。

学生在书写化合物的化学式过程中经常出现的问题及解决方案如下：

（1）理解并记忆常见元素和原子团的符号和化合价。

问题：学生难以理解化合价。

方案：以铝元素的化合价为+3价为例进行讲解。铝元素为13号元素，其原子结构示意图中最外层电子数为3，为达到8电子稳定结构（常见的一种稳定结构）易失去3个电子，失去电子后带3个单位的正电荷。因此，规定铝元素的化合价为+3价。在此基础上再讲解一下氧元素的化合价为-2价。这样学生在记忆化合价时面对的就不是枯燥无味的数字了。

教学评价：书写下列物质的化学式。

氧化铜_____；氧化钠_____；

氧化铝_____；氧化铁_____；

氧化亚铁_____；氧化钙_____。

氯化镁_____；氯化钙_____；

氯化铝_____；氯化铁_____；

氯化亚铁_____；氯化钾_____。

氢氧化钠_____；氢氧化铜_____；

氢氧化铁_____；氢氧化亚铁_____。

（2）物质名称与物质化学式之间的相互关系。

问题：学生无法根据物质名称写出化学式或者无法根据物质化学式写出名称。

方案：以硫酸钠为例，硫酸钠中的"硫酸"是指"硫酸根"，因此硫酸钠是硫酸根与钠元素的结合，其化学式为Na_2SO_4。再以硫酸铵为例，硫酸铵中的"铵"是指"铵根"，因此硫酸铵是硫酸根与铵根的结合，其化学式为

（NH$_4$）$_2$SO$_4$。归纳总结出"某酸某"应拆分成"某酸"与"某"，其中"某酸"实为"某酸根"，而"某"是指金属阳离子或铵根。

教学评价：书写下列物质的化学式。

硫酸铜_____；硫酸钾_____；硫酸铝_____；

硫酸铁_____；硫酸亚铁_____。

硝酸镁_____；硝酸钠_____；硝酸铝_____；

硝酸铵_____；硝酸亚铁_____。

碳酸钠_____；碳酸镁_____；碳酸钡_____；

碳酸铵_____；碳酸亚铁_____。

（3）元素的化合价需自己推测出来。

问题：元素的化合价为可变化合价，必须先确定其化合价才能正确书写出化学式。

方案：以硫化钠为例，硫元素的化合价有−2、+4、+6价，在硫化钠中硫元素的化合价应为−2价，因此其化学式为Na$_2$S。

教学评价：写出氮化镁的化学式。

此习题的要求较高，学生必须具备推测元素化合价的能力。根据物质名称氮化镁可知镁元素为+2价，则氮元素应为负价；再根据氮原子的原子结构可知氮原子的最外层有5个电子，易得3个电子达到8电子稳定结构，可知氮元素为−3价；最后根据化合物中正负化合价代数和为零的原则可写出氮化镁的化学式为Mg$_3$N$_2$。

二、教学设计

课例研究的教学设计和传统教案是不一致的。首先，课例研究的教学设计是由课例研究共同体内所有成员共同参与完成的，强调教师集体合作；其次，课例研究的教学设计基于传统教案根据研究主题进行设计而来，既有共性又有特性；再次，课例研究的教学设计需要在查阅资料的基础上进行，对于如何解决确定的问题要有较为清晰的认识；最后，课例研究的教学设计还应该包括

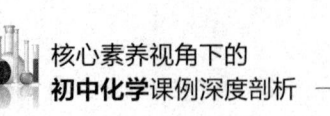

"预期的学生反应"和"应对策略"等部分。

以"燃烧与灭火"为例：

教学内容：燃烧的定义；燃烧的条件；灭火的方法与原理；火灾处理方法。

（1）燃烧的定义。

教学难点：学生在理解燃烧的定义时经常会将燃烧理解为与氧气的反应。

提出问题：燃烧是否一定要有氧气参与？

教学策略：学生完成镁条在二氧化碳中燃烧的实验并总结出燃烧不一定需要氧气。

（2）燃烧的条件。

教学难点：理解可燃物的温度要达到着火点以及着火点的定义。

提出问题：从大木块中取一小木条，两者的着火点是否相同？

教学策略：同时将大木块和小木条放于酒精灯火焰上灼烧，5秒后小木条燃烧而大木块没有燃烧。通过实验理解着火点是可燃物吸收热量使自身的温度上升到燃烧所需的最低温度，大木块和小木条的着火点是相同的，但大木块和小木条升高相同的温度时大木块需要吸收更多的热量。由此理解着火点是可燃物吸收热量使温度达到燃烧所需的最低温度。

（3）灭火的方法与原理。

教学难点：无法分析灭火的方法中所涉及的灭火原理。

提出问题：铜丝圈能否熄灭蜡烛火焰？为什么？

教学策略：设计利用铜丝圈熄灭蜡烛火焰的实验。分析铜丝圈的结构可知其无法隔绝空气和将可燃物撤离。实验过程中通过控制铜丝圈套在火焰上的时间来控制其能否熄灭火焰。当铜丝圈套在火焰上的时间在5秒左右时，移开铜丝圈可以清楚地观察到蜡烛火焰变小且上方有大量白烟（石蜡的固体小颗粒）产生，由此现象可知铜丝圈吸收热量使蜡烛火焰的温度下降；当铜丝圈套在火焰上的时间在10秒左右时，移开铜丝圈可以清楚地观察到蜡烛火焰熄灭，由此现象可知铜丝圈吸收热量使蜡烛火焰的温度下降至着火点以下。

（4）火灾处理方法。

教学难点：学生懂得火灾的逃生方法但不理解其原理。

提出问题：高低两根燃着的蜡烛，罩上大烧杯后，哪根蜡烛先熄灭？为什么？

教学策略：高低两根燃着的蜡烛，罩上大烧杯后，高的蜡烛先熄灭。分析实验现象可知在密闭的有限空间内燃烧，燃烧产生的二氧化碳等气体随着热气流向上运动，使得上层空间的温度高、氧气浓度低、二氧化碳浓度高，因此高的蜡烛先熄灭。

三、上课和观课

上课是对教学设计的检验，观课则是为了从课堂实践中发现问题和不足从而进一步修改课例研究的教学设计。这两部分是缺一不可的，因为正在上课的教师必须对学生的反应立即做出判断，没有充裕的时间去思考这么做是否合适或者能否做得更好，而观课教师则正好可以弥补这一缺陷。一方面，上课的教师能够更加客观地了解自己的教学；另一方面，集思广益，为下一轮研究课设计提供丰富的资源。下面以"化学变化中的质量关系"的课堂教学为例进行说明。

在教学设计中准备了下列演示实验和分组实验：

（实验2、3、4、5、6、8、9录制成视频便于学生观察与分析）

实验1：蜡烛燃烧前后的质量变化（学生分组实验）

实验2：铜片在空气中加热前后的质量变化

实验3：锥形瓶中白磷的燃烧反应前后的质量变化

实验4：硫酸铜溶液与氢氧化钠溶液反应前后的质量变化

实验5：烧杯中石灰石与稀盐酸反应前后的质量变化

实验6：锥形瓶（橡皮塞）中石灰石与稀盐酸反应前后的质量变化

实验7：锥形瓶（气球）中石灰石与稀盐酸反应前后的质量变化（学生分组实验）

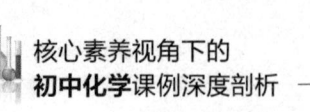

实验8：锥形瓶（橡皮塞+胶头滴管）中石灰石与稀盐酸反应前后的质量变化

实验9：锥形瓶（橡皮塞+注射器）中石灰石与稀盐酸反应前后的质量变化

实验10：矿泉水瓶中石灰石与稀盐酸反应前后的质量变化（学生分组实验）

在实际教学过程中发现，由于实验太多，学生的学习精力被多组化学实验所吸引，没有时间对实验现象进行思考与分析，建议将实验5、7、8、9的实验删除，让学生重点分析实验6和实验10，另外实验10增加一个实验操作：反应后打开瓶塞让气体逸出后再进行称量。通过这个实验操作让学生深刻地认识到有气体生成或参与的反应必须在密闭容器中进行才能体现质量守恒定律。

四、评价与反思

课程内容中关于"氧气、二氧化碳的实验室制取"的学业要求：能设计简单实验，制备并检验氧气和二氧化碳。

评价与反思的焦点应集中在讲授课中的"困难"和"乐趣"、学生的反应、通过该实施课例是否达到了预期的目的以及如何进一步完善等方面，其目的是进一步修改教学设计以更好地解决学生学习和发展中的问题。

在教学过程中应根据学生的学业质量及时改变教学策略，学生在学习检查装置气密性方法的过程中，经常出现的问题是无法推测出证明装置气密性良好的实验现象。例如在图2装置的气密性检查过程中无法描述出实验现象，其原因是教师在讲解过程中也往往通过实验现象的观察让学生记住具体的实验现象，但当学生遇到新的装置时，由于学生不了解气态方程而无法推测出实验操作之后的现象来证明装置的气密性。让教师不好处理的是$pV=nRT$这一知识点初中阶段是不作要求的，同时也担心学生是否具备理解这一知识点的能力。教学实际情况是：初三学生知道p、V、T分别表示压强、气体体积、温度，只需再告知学生n表示气体的量（气体的数量），R是一个不变的常数，对于公式的理解和应用就非常容易了。然后与学生一起分析生活中常见的现象及其原因（如表2）。

表2 生活中常见的现象及其原因

生活中常见的现象	分析原因
轮胎不断充气，胎压不断变大	n值不断变大，导致轮胎内p变大
不断压缩塑料矿泉水瓶，瓶塞会被弹出	V不断变小，导致瓶内p变大
乒乓球变瘪，放于热水中可恢复原状	T不断变大，导致球内p变大
用保温瓶装半瓶热水并盖紧盖子，冷却后瓶盖难打开	T不断变小，导致瓶内p变小

再针对检查装置气密性的方法进行分析，学生就能准确地描述出实验现象：利用注射器检查装置的气密性（如图2所示），当向右缓慢拉注射器活塞时，观察到＿＿＿＿＿＿＿＿＿＿，说明装置气密性良好；当向左缓慢推注射器活塞时，观察到＿＿＿＿＿＿＿＿＿＿，说明装置气密性良好。最后再提供实验装置让学生实际操作，让理论与实践高度结合。

图2 检查装置的气密性

五、分享成果

化学课程资源的开发与利用，力求符合化学课程的整体教育教学要求，促进学生核心素养的形成和发展，支持实现有效的化学教学活动，配合教材共同建构开放的化学教学系统。新课程标准对教师培训提出建议：要求采用多样化培训方式。注重研究型、参与式培训，采用专家报告与案例研修相结合、集体学习与自我实践相结合等多样化培训方式。例如案例示范可以采用工作坊方式，设置"案例分析—分组研讨—专家点评"等活动环节。

笔者通过微信公众号与广大师生共享了约30个实验视频微课；通过50次省

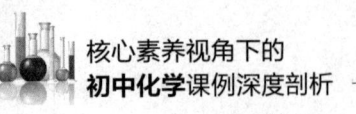

市级专题讲座向广大教师推荐和共享了约20个课例研究成果；通过10余次省市级的送教送研下乡活动，分享课例研究方法、成果和实验视频等教学资源；通过微信工作群，以课例研究为主题开展区域教研活动等。

在一个课例研究结束后（并非一轮），教师通过课例研究一方面解决了学生遇到的问题，另一方面也促进了自身的专业发展。通过与他人分享和展示自己的成果，不仅可以对其他教师产生积极的借鉴作用，还可以激励自己进一步开展课例研究以获得更深层次的发展。

课例研究是教师群体从自己的教学实际出发发现问题、解决问题的过程，它以研究教学，改进教学为己任，旨在提高教学质量，促进师生共同成长。课例研究意味着课堂不仅要成为教师自我反思的对象，也要成为教师同行或教研专业人员共同讨论的领域，其出发点和归宿是解决教学实际问题，实现有效教学，让课堂回归真实的教学生活，解决课堂教学的实践问题。在课例研究实践中有时会产生极富生命力的"一闪念"，这个一闪念或许就是一个值得研究的课题，这不仅能增强教师的科研意识，还能提升教师教学实践的智慧。

健全校本教研制度 提升教育教学质量

《义务教育化学课程标准（2022年版）》指出：要充分发挥学校化学教研组和各年级备课组的作用，构建校级常态教研共同体，形成时间固定、主题聚焦、人人参与、研讨交流的学科教研机制；通过校际联动，整合名师资源，开展多层次的校际学习交流；以课程实施过程中教师面临的具体问题为研究对象，以教师为研究主体，以教学改进和师生共同发展为研究目的开展校本教研活动；基于本校学情，聚焦教学难点，形成教研专题，如核心素养导向的学习目标、挑战性学习任务、过程性学习评价、支持性学习资源、单元作业设计和试题命制等，持续地进行核心素养导向的化学教学改进，实现教师从理念到课堂教学行为的转变；集体备课、课堂观摩、交流研讨和学生访谈等，是校本教研的基本活动形式，倡导建立"问题—研究—改进—实践"的学科校本教研模式；在实际教育教学过程中，充分发挥各级骨干教师的作用，通过名师工作室、教学沙龙、工作坊和微论坛等方式，开展学科和跨学科的专题研讨，解决教师教学中的问题。

一、深入学习和贯彻落实党的二十大报告和几个文件精神

1. 党的二十大报告

党的二十大报告指出，教育、科技、人才是全面建设社会主义现代化国家的基础性、战略性支撑。必须坚持科技是第一生产力、人才是第一资源、创新是第一动力，深入实施科教兴国战略、人才强国战略、创新驱动发展战略，开

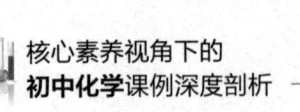

辟发展新领域新赛道，不断塑造发展新动能新优势。

我们要坚持教育优先发展、科技自立自强、人才引领驱动，加快建设教育强国、科技强国、人才强国，坚持为党育人、为国育才，全面提高人才自主培养质量，着力造就拔尖创新人才，聚天下英才而用之。

教育是国之大计、党之大计。培养什么人、怎样培养人、为谁培养人是教育的根本问题。育人的根本在于立德。全面贯彻党的教育方针，落实立德树人根本任务，培养德智体美劳全面发展的社会主义建设者和接班人。

"两个一百年"奋斗目标的实现、中华民族伟大复兴中国梦的实现，归根到底靠人才、靠教育。

2.《中共中央 国务院关于全面深化新时代教师队伍建设改革的意见》

2018年1月20日发布的《中共中央 国务院关于全面深化新时代教师队伍建设改革的意见》中，指出：百年大计，教育为本；教育大计，教师为本。

教师承担着传播知识、传播思想、传播真理的历史使命，肩负着塑造灵魂、塑造生命、塑造人的时代重任，是教育发展的第一资源，是国家富强、民族振兴、人民幸福的重要基石。

3. 关于建设教育强国进行的第五次集体学习精神

习近平在中共中央政治局第五次集体学习时强调：加快建设教育强国，为中华民族伟大复兴提供有力支撑。

教育兴则国家兴，教育强则国家强。建设教育强国，是全面建成社会主义现代化强国的战略先导，是实现高水平科技自立自强的重要支撑，是促进全体人民共同富裕的有效途径，是以中国式现代化全面推进中华民族伟大复兴的基础工程。

要把加强教师队伍建设作为建设教育强国最重要的基础工作来抓，健全中国特色教师教育体系，大力培养造就一支师德高尚、业务精湛、结构合理、充满活力的高素质专业化教师队伍。

弘扬尊师重教社会风尚，提高教师政治地位、社会地位、职业地位，使教师成为最受社会尊重的职业之一，支持和吸引优秀人才热心从教、精心从教、长期从教、终身从教。

加强师德师风建设，引导广大教师坚定理想信念、陶冶道德情操、涵养扎实学识、勤修仁爱之心，树立"躬耕教坛、强国有我"的志向和抱负，坚守三尺讲台，潜心教书育人。

4.《中共中央 国务院关于深化教育教学改革全面提高义务教育质量的意见》

2019年6月颁布的《中共中央 国务院关于深化教育教学改革全面提高义务教育质量的意见》指出：

坚持立德树人，着力培养担当民族复兴大任的时代新人；

坚持"五育"并举，全面发展素质教育；

强化课堂主阵地作用，切实提高课堂教学质量；

按照"四有好老师"标准，建设高素质专业化教师队伍；

加强组织领导，开创新时代义务教育改革发展新局面。

5.《教育部关于加强和改进新时代基础教育教研工作的意见》

2019年11月颁布的《教育部关于加强和改进新时代基础教育教研工作的意见》指出，教研工作是保障基础教育质量的重要支撑。长期以来，教研工作在推进课程改革、指导教学实践、促进教师发展、服务教育决策等方面，发挥了十分重要的作用。

各地教育行政部门要高度重视教研工作，将其摆在更加突出的重要位置，切实加强工作指导，确保教研工作正确方向，及时研究解决教研工作中遇到的困难和问题，保障教研工作有效开展。

加强教研制度建设，抓紧完善教研工作体系，积极推进教研工作创新，加大对各地各校教研工作典型经验的宣传推广力度，促进教研工作科学化、专业化和规范化发展。

教师是新课程的实施者，教师专业水平的优劣直接影响到课程改革的成败，决定着学生未来的发展和命运，也影响着学校的发展。

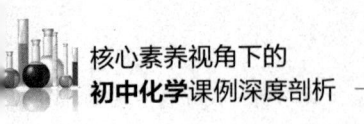

二、坚持校本教研

（一）校本教研

校本教研是指为了改进学校的教育教学，提高学校的教育教学质量，从学校的实际出发，依托学校自身的资源优势和特色进行的教育教学研究。

校本教研的三个基本理念：

第一，学校是教研的基地，教研基于学校真实的教学问题；

第二，教师是教学研究的主体；

第三，促进师生共同发展是教学研究的主要而直接的目的。

校本教研是教师成长最基本的、最重要的途径。教研组长是最重要的执行者。校本教研要立足学校实际，以实施新课程新教材、探索新方法新技术、提高教师专业能力为重点，着力增强教学设计的整体性、系统化，不断提高基于课程标准的教学水平。

学校要健全校本教研制度，开展经常性教研活动，充分发挥教研组、备课组、年级组在研究学生学习、改进教学方法、优化作业设计、解决教学问题、指导家庭教育等方面的作用。

（二）实施校本校研的方法：自我反思、同伴互助、专业引领

教师个人的自我反思、教师集体的同伴互助、专业研究人员的引领是开展校本教研和教师专业化成长的三种基本力量，始终贯穿在研究过程之中。

教师个体的实践与反思是实施以校为本的教研制度的基础与前提。教师通过反思，发现问题、提出问题，找到研究的切入点，使经验得到提炼、升华，提高教学工作的自主性和目的性，改进教学。

教师同伴的交流与合作是实施以校为本的教研制度的标志与灵魂。通过同伴互助，加强教师之间的专业切磋、协调、合作，分享经验，互相学习，共同成长。提倡组织经常性的集体备课、案例分析、问题研讨，举办专题座谈、学术论坛，广泛开展对话交流，形成教师、教研员、专家之间的多方合作互动。

专业人员的有效参与是以校为本的教研制度可持续、向纵深发展的关键。

专业引领主要指理论学习和专家指导。读书学习是经常性的、更加便捷的专业引领。要积极争取教研员、教科研人员等教育教学专家的支持和帮助，发挥专家的专业引领作用。

（三）实施校本教研活动的原则

坚持方向性原则、时代性原则，坚持正确的政治方向和政治立场，把握时代发展对教研活动的新要求。

遵循科学性原则、规范性原则，遵循教育教学规律，注重方法创新，明确教研活动的操作流程、实施准则和工作纪律。

注重综合性原则、创新性原则，注重开展跨学科、跨领域、跨学段的综合教研活动，创新教研活动形式，培育教研活动品牌。

（四）创新教研工作方式

校本教研的工作方式包括：

基于协同的区域教研（区域、区县、联盟学校、集团办学）；

基于问题的主题教研（教育教学各环节、问题）；

基于技术的网络教研（多校区集团办学、QQ群、微信群、微信公众号）；

基于融合的综合教研（学科关联、互鉴、启发、支持）；

基于引领的帮扶教研（精准扶贫与乡村振兴、教育优质均衡发展、名师工作坊）；

采用教学展示、现场指导、项目研究等多种方式，提升教研工作的针对性、有效性、吸引力和创造力；

重视信息化、智能化、数据化条件下的教研变革，开展基于实证和数据的教研。

（五）挖掘校本教研主题内容

教研主题内容包括课标、教材、教参、教学方式、学习方式、评价（教学评价、考试评价、试题命制、习题课、复习课、作业）、学生心理健康、激发学生学习兴趣（实验、多媒体、联系实际、激励、成就感）、养成学生学习习惯（学法指导、预习、上课、提问、回答、笔记、作业、课外观察实践、复

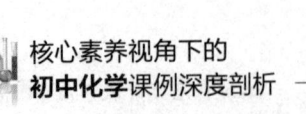

习、考试、反思总结、错题本、试卷集、交流帮助）、学科育人的价值、学科核心素养。

（六）关于校本教研的观点

重视教师专业成长、教研活动，给予时间、空间、经费保障学习，形成汇报制度。

支持区域内的教研。

捆绑发展，教育均衡。

完善校本教研制度，重视教研组建设，明确教研组长、备课组长的职责。

重视激发教师的积极性、创造性，让教师在激励中成长和发展。

创新教研方式，喜闻乐见，提高实效。

重视骨干教师培养，形成领军人物。

形成积累、交流、合作、共享、进取的教研文化。

不断创新，尝试学科融合、合作、跨学科教研。

（七）教研组长必备专业能力

学识水平，为人处世，政治站位，责任担当。

人际关系良好，助力活动开展。

团队建设，敏锐眼光，教师的个性特长，任务驱动，激励唤醒鼓舞。

整合资源，如学校、社会团体、科技馆等。

活动开展，精心设计，需求调研，平时积累，注重实效。

课题研究，解决问题，论文专著，成果意识，成效显著。

评审推荐，公平公正，符合程序，遵纪守法，注重形象，总结反思，不断进步。

发现提炼，辐射引领，注重宣传，推力巨大。

三、提高教育教学质量的策略

健全校本教研制度，经过校级常态教研共同体的努力，形成提高教育教学质量的策略。

（一）理解、领悟课标和教材

教材是重要的教学资源，理解课程标准，理解教材编者的意图，认识教材的栏目、习题。对教学内容的地位和作用的认识等需要站得高一些，要有眼界、境界和情怀。

钻研教材，群策群力，创造性地使用教材。

化学是在原子、分子水平上研究物质的组成、结构、性质、转化及其应用的基础自然科学。它源自生活和生产实践，并随着人类社会的进步而不断发展。

化学是重要的基础科学之一，是一门以实验为基础的学科，在与物理学、生物学、地球科学、天文学等学科的相互渗透中，得到了迅速的发展，也推动了其他学科和技术的发展。

（二）课堂教学素材的积累和运用

建构主义主张世界是客观存在的，但是对事物的理解却是由每个人自己决定。不同的人由于原有经验不同，对同一事物会有不同理解。建构主义学习理论认为：学习是引导学生从原有经验出发，生长（建构）起新的经验。

个体建构主义与认知学习理论有很大的连续性，认为学习是一个意义建构的过程，是学习者通过新、旧知识经验的相互作用，来形成、丰富和调整自己的认知结构的过程。学习是一个双向的过程，一方面将新知识纳入已有的认知结构中，获得了新的意义；另一方面，原有的知识经验因为新知识的纳入，而得到了一定调整或改组。如，探究式学习就是个体建构主义的观点在具体教学中的运用。

社会建构主义认为，学习是一个文化参与的过程，学习者是通过参与到某个共同体的实践活动中，来建构有关的知识。学习不仅是个体对学习内容的主动加工，而且需要学习者进行合作互助。建构主义与学生学习关系如图1所示。

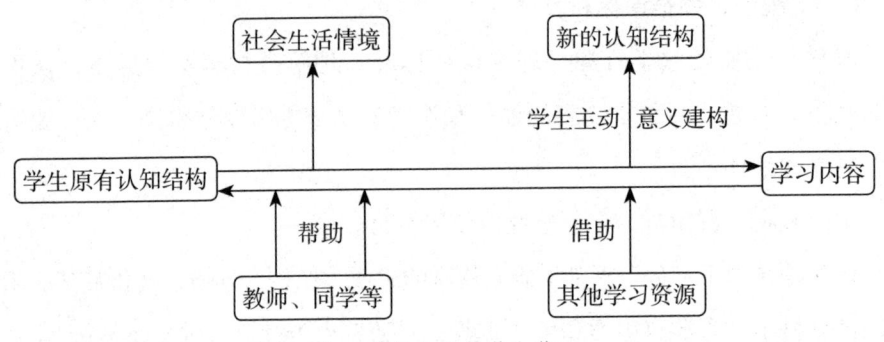

图1 建构主义与学生学习

联系生产、生活、学习实际，创设情境，激发学习兴趣，乐学善学。

教学情境的作用：

情：营造情感氛围，形成学习心向。

境：提供认知背景，促进意义建构。

情境之于知识，犹如汤之于盐；知识需要融入情境之中，才能显示出活力和美感。

教学情境素材的形式有图片（照片、挂图、图画等）、视频（录像、电视、电影、动画片段）、文字材料、优秀课件、实物、创新实验……

教学素材的收集渠道有：书籍、报纸、杂志、网络；电视（数字电视的互动点播系统）；数码相机、数码摄像机；生活、身边、生产实际中的化学现象；实验改进、创新；同伴交流、资源共享……

教学素材的积累和运用可以提供大量的直观、感性材料；创设问题情境，符合学生认知心理；激发兴趣，激活思维；学以致用，联系生产实际，感知化学的有趣、有用；有利于教师的专业成长（观察、思考、实践、反思、研究、积累、交流、提高）。

（三）精心设计实施课堂教学

课堂教学要做到：条理清晰，合适的逻辑结构；学生主体，教师主导；学生要有创造性，学生同伴之间形成互助；教师要鼓励、激励学生；有效的问题、情境，有教学的艺术；认真、用心、用情；有针对性地巡视（督促、了解反馈、个别点拨、预先指定回答者），每节课2~4次，做到心中有人，利用教师的敏锐观察，形成新的课堂生成……

（四）重视学生学法指导

学生在学习化学的过程中，存在小初、初高中衔接问题，教材、思维、学习方法、习惯、身心状态的台阶，考试难度等问题。

要重视学生的学法指导，笔者对学生学好化学有以下建议：

积极主动地、兴趣盎然地去喜欢化学；

认真听课，认真看书，积极思考，上课时自信回答问题；

联系生活、生产、身边，仔细观察，认真思考，亲自动手做——课外实践、实验、网络学习；

不懂一定要问，同学互相帮助，还可以用网络学习；

认真作业，认真审题，画图分析。

基础学扎实、分析要到位。

重视章节复习，考前认真复习是取得好成绩，取得信心的重要途径。

考试结束，一定要找到错误原因，针对自己问题进行改进。

主动喜欢化学老师，和老师多交流，让老师也喜欢自己！

（五）重视化学实验创新与教学

化学是一门以实验为基础的学科，观察实验及实验方法是化学发展的基础，实验是建立化学观念、探索化学规律、认识化学世界的最基本手段。观察和实验是化学教学的基本方法，而实验现象情境是指教学中利用实验现象来创设化学问题的一种情境。我们通过实验结果与学生头脑中的原有概念发生冲突，创设问题情境。自然是沉默不语的，它不会自动地告诉人们掩藏在现象背后的本质、规律和内在联系。我们可以把实验看作人类与自然界的一种"对话"，正是靠着这种对话，迫使自然界做出回答，才能有所发现和收获。

第二篇 教学思考促进专业发展

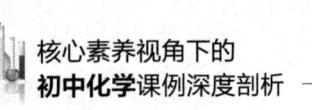

教育教学主张——探究者的化学

一、背景

（一）学科核心素养

《义务教育化学课程标准（2022年版）》将初中化学学科核心素养分为4个维度：化学观念；科学思维；科学探究与实践；科学态度与责任。其中，科学探究与实践是指经历化学课程中的实验探究，基于学科和跨学科实践活动形成的学习能力；是综合运用化学等学科的知识和方法，通过一定的技术手段，在解决真实情境问题和完成综合实践活动中展现的能力和品格。科学探究与实践处于化学核心素养的中心位置。

在教学过程中创设真实的问题情境，引导学生自主设计实验，开展以化学实验为主的科学实验探究活动，充分感受化学实验魅力，落实学科核心素养，促进学生实验技能与解题能力的融合提升。教师只有在完整地理解核心素养各维度的内涵和发展要求的基础上，才能从教学内容、教学情境创设、教学方式选择、学习方式指导等方面系统化落实核心素养发展的各项目标。

（二）中考试题分析

中考试题中的实验探究题极力体现科学探究过程中科学家的思考，综合实验背景材料多数取材于真实的生活、生产实际，让学生在真实的生产生活问题情境中开展科学探究，所提的问题经常涉及：实验原理、实验装置选择、药品的选择、实验操作目的、实验装置的分析、实验干扰、实验误差分析、实验改进反思等问题。试题中所涉及的问题必须在完整真实的化学实验中才能找到解决的方法。

（三）学生存在的问题

学生在解决实验探究题时，无法切题，答非所问，储备的基础知识不足；一些实验操作和原因无法想到，实验原理不清楚，实验过程不理解，实验数据不会分析；由于经常纸上做实验，导致真正操作时手忙脚乱；面对综合实验，缺乏做实验的基本思维模式，不知道应该从哪些方面思考问题；缺乏作为一个"探究者"的真实经历，不能从一个"探究者"的视角去思考问题。

二、教育教学理念

（一）课程标准

《义务教育化学课程标准（2022年版）》提出，实验是科学探究的重要形式和学习化学的重要途径，要求学生能进行安全、规范的实验基本操作，独立或与同学合作完成简单的化学实验任务；能主动提出有探究价值的问题，从问题和假设出发确定探究目标，设计和实施探究方案，获取证据并分析得到结论，能用科学语言和信息技术手段合理表述探究的过程和结果，并与同学交流；能从化学视角对常见的生活现象、简单的跨学科问题进行探讨，能运用简单的技术与工程的方法初步解决与化学有关的实际问题，完成社会实践活动；在科学探究与实践活动中，能根据自己的实际情况制订学习计划，开展自主学习活动，能与同学合作、分享，善于听取他人的合理建议，评价、反思、改进学习过程与结果，初步形成自主、合作、探究的能力。

（二）核心素养导向教学

课堂教学是发展学生核心素养的主渠道，教师应秉持化学课堂教学的核心素养导向理念，积极探索大概念引领的课堂教学改革，在教学方式上注重探究实践和科学思维培养，重视"教—学—评"一体化，实现课堂教学从掌握知识到发展素养的转变。

真实、生动、直观且富有启迪性的学习情境，能够激发学生的化学学习兴趣，引发学生的思考，帮助学生建构大概念和核心概念，促进学生核心素养的发展。在教学中，教师根据教学目标、教学内容、学生的已有经验，以及学校的实际条件，有针对性地选择学习情境素材，引导学生从真实的学习情境中发现问题，展开讨论，在解决化学问题的同时，形成和发展认识化学知识的思路与方法，以及科学态度和价值观。教师尽可能设计多样化的学习任务，结合教学内容的特点和学生的实际，引导学生开展分类与概括、证据与推理、模型与解释、符号与表征等具有化学学科特质的高阶思维活动；注意设计真实情境下不同陌生度和复杂度的问题解决活动，引导学生通过小组合作、实验探究、讨论交流等多样化方式解决问题；注重开展项目式学习活动和跨学科实践活动，引导学生"做中学""用中学""创中学"，促进学生核心素养的发展。

（三）实验的教育功能

中学化学实验的教育内涵是"学做人、学做事、学做科学实验、学会思考"。

实验是探索、验证、发现新物质、新规律的一个重要手段，科学家们就是边实验边探索，来发现一种种物质，归纳演绎出一条条定律，构建出一个个思维模型的。

以实验为基础是化学学科的重要特征之一，化学实验对全面发展学生的核心素养有着极为重要的作用。在教学中教师要高度重视和加强实验教学，充分发挥实验的教育功能；通过化学实验激发学生学习化学的兴趣，创设生动活泼的学习情境，帮助学生理解和掌握化学知识和技能，引导学生学习科学方法，发展学生的科学思维和创新意识，培养学生的科学态度与责任。

科学探究是一种重要的科学实践活动，是化学课程需要培养的核心素养不可或缺的组成部分。教师应充分认识科学探究对促进学生核心素养发展的独特价值，根据学生认知发展水平，精心设计探究活动，有效组织和实施探究教学。在教学中，教师可以采用多种探究活动形式，提倡以小组为单位合作开展探究活动。探究教学要讲究实效，不能为了探究而探究，避免探究活动泛化和探究过程程式化、表面化；把握好探究的程度和水平，避免浅尝辄止或随意提高知识难度的做法；处理好教师引导探究和学生自主探究之间的关系，避免出现探究过程中教师包办、代替或对学生"放任自流"的现象。

初中化学实验教学阶段应培养学生成为一名"探究者"，做一名"探究者"应该争取做到实验"零缺陷"，要做到实验"零缺陷"必须充分思考实验过程中各种可能出现的问题和解决的方案。实验过程中"探究者"应考虑的内容见表1。

表1 实验过程中应考虑的内容

实验前	实验中	实验后
实验原理、查阅资料、选择药品、实验装置、实验操作、实验安全、预计现象、实验干扰、实验改进	实验操作观察现象记录现象	分析现象、得出结论、异常分析、误差分析、实验反思、实验再改进

三、教学模式——实验探究解决化学问题

教学案例：以"探究者"的视角再探二氧化碳与氢氧化钠的反应。

（一）课堂前期的准备工作

（1）温故知新，提出课题。

（2）提出问题：设计简单而有趣的实验验证二氧化碳与氢氧化钠发生了反应。强调实验必须简单有趣、高效创新等。

（3）设计实验方案。

作为一名"探究者"设计化学实验方案的流程如图1所示。

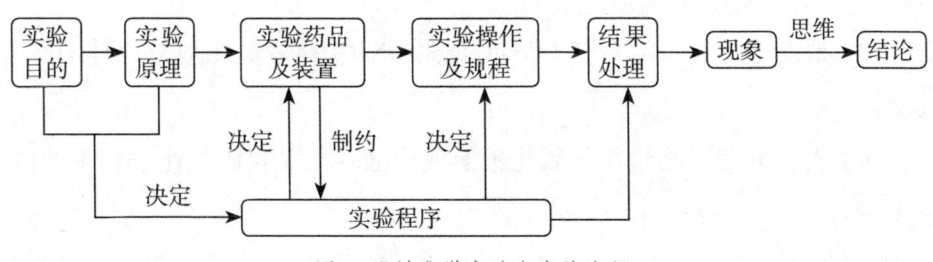

图1 设计化学实验方案的流程

学生的实验方案设计能力的培养是一个长期的教学工作，教师在课堂教学过程中要有意识地引导学生设计一些简单的实验，然后慢慢完善实验方案设计。

（4）探讨实验方案的可行性。

师生共同讨论实验方案的可行性，模拟实验过程，探讨实验操作，考虑实验安全，分析实验可能存在的误差，改进实验方案，根据预测的实验现象给实验方案命名等。

（5）准备实验仪器、材料。

利用课余时间与学生一起制作实验所需的仪器，收集足量纯净干燥的二氧化碳气体。

（二）课堂教学过程

（1）引入新课，分析学生的解题情况，指出学生存在的问题。

（2）学生分享实验设计心得，预测实验现象，给实验命名，如"'会爬'的蛋""自动喷泉""高下立判""'自我膨胀'的气球""矿泉水瓶'瘦身记'"等。

（3）学生进行实验，观察现象，分析原理，得出结论。

（4）提出问题：一定量的NaOH溶液通入CO_2后，溶液中的溶质是什么物质？

（5）设计实验：分别将20 mL NaOH溶液（含3.2gNaOH）倒入充满CO_2气体的矿泉水瓶（550 mL和1500 mL）中，盖紧瓶塞，充分振荡。会有什么现象？

（6）通过计算预计现象，分组实验。当实际现象与预计不符时，分析可能原因。

（7）请设计一个实验，使其能实时观测到NaOH溶液中通入CO_2气体的反应过程。

（8）实验方案：测量往氢氧化钠溶液中通入二氧化碳气体过程中的pH变化。

（9）记录数据。画出变化曲线，实现实验数字化和可视化，促进科学探究的发展。

（10）学生以"探究者"视角去审视和解决科学探究过程中遇到的问题。

在实验探究解决化学问题的教学过程中师生的互动结构如图2所示。

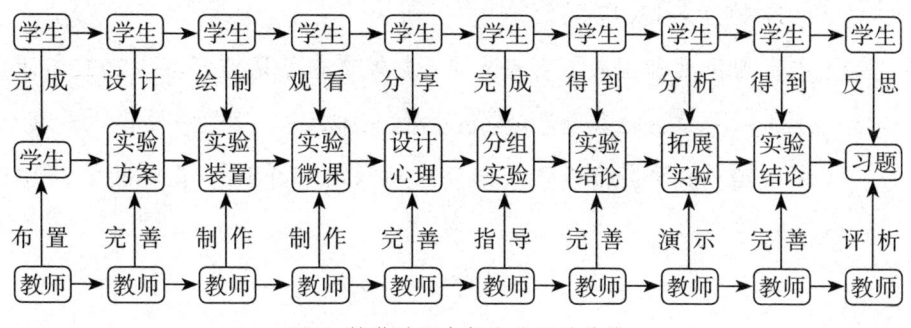

图2 教学过程中师生的互动结构

四、教学主张——探究者的化学

化学是一门以实验为基础的自然科学，但在实际教学过程中由于种种原因，我们花在实验教学上的时间所占比例相当地少。很多本该让学生做的实验我们都用演示实验取而代之，有的演示实验被实验视频所取代，学生只是实验的旁观者而不是实验的探究者。

引领学生去设计并完成一个个真实的实验，让学生在真实情境中解决问题，体验设计过程需要考虑的各种因素，领会试题背后的学科核心素养，体验一个"探究者"是怎样思考实验问题的，同时构建实验思维模型。以"探究者"的视角去解析科学实验题，将实验思维模型和解题思维模型构建为一个模型。

让学生真正成为一名"探究者"，还需要教师继续挖掘教材和试题中的真实背景，提出符合学生认知水平和规律的实验问题，由学生自主设计出相应的探究实验，如可以创设的实验课题有测量空气中氧气体积分数的定量实验、燃烧条件的兴趣实验、影响铁与稀盐酸反应速率的因素、测量氯化钠与碳酸钠混合物中碳酸钠的质量分数、酸碱中和反应等，让学生在实验中提升学科核心素养。

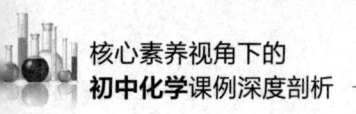

参考文献：

［1］李志华.试论"发展学生核心素养"的基本路径［J］.化学教与学，2017（9）：13-17.

［2］中华人民共和国教育部制定.义务教育化学课程标准（2022年版）［M］.北京：北京师范大学出版社，2022.

［3］宋心琦.化学实验教学教学改革建议之二［J］.化学教学，2012（5）：3-5.

深入研究课程标准　促进教师专业发展

一、教师专业发展的模式

（一）司德菲的教师生涯发展模式

美国学者司德菲，依据人文心理学派的自我实现理论，建立了教师生涯发展模式，所以，其提倡的模式也可称为人文发展模式。司德菲的教师生涯发展理论模式吸收了费斯乐等人的前期成果，将教师的发展分为5个阶段。

1. 预备生涯阶段（anticipatory career stage）

这一阶段主要包括初任教师，或重新任职的教师。初任教师通常需要三年的时间才会发展到下一阶段，而重任教师则能很快超越此阶段。在此阶段的教师具有几个特征，包括：理想主义、有活力、富创意、接纳新思想、积极进取、努力上进。

2. 专家生涯阶段（expert master career）

在这一阶段的教师已具有较高水平的教学能力与技巧，同时拥有多方面的信息来源。这些教师们都能进行有效的班级经营和时间管理，对学生都抱有高度的期望，也能在自己的工作中激发自我的潜能，达成自我实现的目的。同时，这时的教师具有一种内在的透视力，可随时掌握学生的一举一动。

3. 退缩生涯阶段（withdrawal career stage）

这又包括三种情况：

初期的退缩（initial withdrawal）。这一时期的教师表现不是最好，也不是最坏的。这一类的教师在学校中可以说是数量最多，也是最易被忽视的一个群

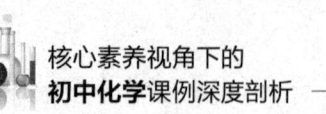

体。他们很少致力于教学改革，所用的教材内容，年复一年，他们的学生表现平平。此类教师所持的信念较为固执且不易变通。因此，在这一时期的教师，多半沉默寡言、跟随别人、消极行事。这时，如果教育行政人员给予适时、适当的支持与鼓励，这些教师又会恢复到专家生涯阶段。

持续的退缩（persistent withdrawal）。这一时期，教师表现出明显的倦怠，经常批评学校、家长和学生，甚至教育行政部门，有时对一些表现好的教师也妄加指责。此外，这些教师会抗拒变革，对于行政上的措施不做任何反应，这些行为都有可能妨碍学校的发展。处于这一时期的教师，或是独来独往，或是行为极端，或是喋喋不休。这些教师人际关系都不甚和谐，家庭生活有时也会出现问题。这一时期的教师需要多方面的帮助。

深度的退缩（deep withdrawal）。这一时期的教师在教学上表现出无力感，甚至有时还会伤害学生。但是这些教师并不认为自己有这些缺点，且具有很强烈的防范心理，这令学校常常难以处理。解决办法是让这些教师暂时转岗或转业。

4. 更新生涯阶段（renewal career stage）

这一阶段的教师在一开始出现厌烦的征兆时，他们就采取了较为积极的对应措施，如参加研讨会、进修课程，或者加入教师组织等。因此，在此阶段的教师，又可以看到预备生涯阶段朝气蓬勃的状态——有活力、肯吸收新知识、进取向上。唯一不同之处在于，预备生涯阶段的教师，对教学工作感到新奇振奋，而在更新生涯阶段的教师，则致力于追求专业成长，吸收新的教学知识。但在此阶段的教师，仍需外在支持，更需要学校行政部门的支持与帮助。

5. 退出生涯阶段（exit career stage）

这一阶段的教师一般到了接近退休年龄，或者由于其他原因而离开教育岗位。一些教师开始安度晚年，另一些则可能继续追求生涯的第二春。

（二）申继亮的教师成长时期论

申继亮认为，教师成长是个有规律的过程，它包括四个时期。

1. 学徒期

持续3~5年，主要特点是不了解教学，主要任务是熟悉教学，适应学校环境。

2. 成长期

持续5~7年，主要特点是具备一定的教学能力，主要任务是积累个体经验，形成教学特色。

3. 反思期

主要特点是具有丰富的教学经验，但可能出现职业倦怠，主要任务是深刻领会理论，学会教学反思。

4. 学者期

主要特点是学识丰富，具有较强的教学监控能力和反思能力，主要任务是开展科研，使教育能力炉火纯青，成为一名学者。

二、教师专业发展的思考

马斯洛的需求层次结构是心理学中的激励理论，包括人类需求的五级模型，通常被描绘成金字塔内的等级（如图1）。

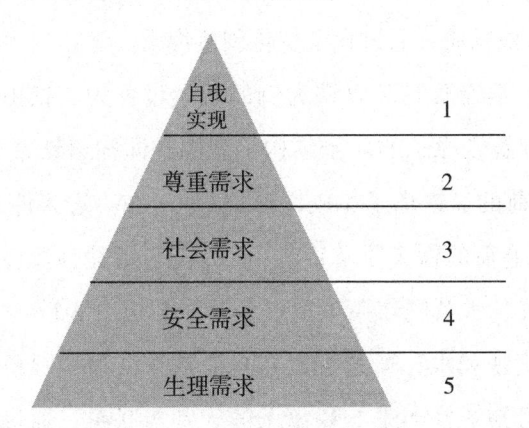

图1　马斯洛的需求层次结构

从层次结构的底部向上，需求分别为：生理需求（食物和衣服）、安全需求（工作保障）、社会需求（友谊）、尊重需求和自我实现。这种五阶段模式可分为不足需求和增长需求。前四个级别通常称为缺陷需求（D需求），而最高级别称为增长需求（B需求）。1943年马斯洛指出，人们需要动力实现某些需求，有些需求优先于其他需求。当我们的需求自我实现时，就出现最高级别的增长需求，以此来促进自身的专业发展。因此，笔者认为不管教师处于理论上的哪个发展阶段，只要有自我实现的需求，就已经迈出专业发展的坚定步伐。

教师专业发展应该具备以下条件：自己做的第一节公开课；总结和反思自己的教学；著名专家的报告；遇到关键事件如特别好的书籍或思考方式的改变；遇到专业发展过程中的关键人物；深刻理解学科本质和思想方法；开展教育研究或实验；改变教育观念和思维方式；通过思考研究解决困难、问题的方法；获得重要奖励；学校领导的肯定等。这些教师专业发展的条件都能在《义务教育化学课程标准（2022年版）》中找到理论指导和实践支撑。

三、深入学习课程标准

（一）课程性质

化学是研究物质的组成、结构、性质、转化及应用的一门基础学科，其特征是从分子层次认识物质，通过化学变化创造物质。

学习金属这一类物质时，以铁为例的教学过程为：铁由铁元素组成；铁由铁原子构成；理解铁原子的原子结构示意图，即知道铁原子易失2个电子形成带2个单位正电荷的亚铁离子（Fe^{2+}），铁原子在一定条件下会失去3个电子形成带3个单位正电荷的铁离子（Fe^{3+}）；铁能与稀盐酸反应生成氯化亚铁和氢气；铁能与氧气、水共同作用生成铁锈（主要成分为Fe_2O_3），铁锈能与稀盐酸反应生成氯化铁和水；通过观察氯化亚铁溶液显浅绿色而氯化铁溶液显黄色，对比之后可知亚铁离子与铁离子的区别与联系；通过控制变量的实验方法探究铁生锈的条件，理解物质间的转化；通过氧化铁与CO高温条件下反应生成铁与CO_2实验实现化学变化创造物质；通过生活中铁的相关物质了解铁的应用。

化学是自然科学的重要组成部分，与物理学共同构成物质科学的基础，是材料科学、生命科学、环境科学、能源科学、信息科学和航空航天工程等现代科学技术的重要基础。化学是推动人类社会可持续发展的重要力量，在应对能源危机、环境污染、突发公共卫生事件等人类面临的重大挑战中发挥着不可替代的作用。

2022年版的课程标准中提出"化学与社会·跨学科实践"学习主题包括：化学与可持续发展；化学与资源、能源、材料、环境、健康；化学、技术、工程融合解决跨学科问题的思路与方法；应对未来不确定性挑战、科学伦理及法律规范、社会性科学议题的合理应对；跨学科实践活动。这些主题内容的教学分布在平常的教学过程中（上海教育出版社出版的九年级化学教材中主要集中在第8、9章），当教师开始教授这些知识时恰逢3月中旬前后，此时刚刚利用充足的时间教授完酸碱盐的相关知识，在面临着中考复习时间不太足够的压力情况下，部分教师对第8、9章的教学内容采用快速简单的处理方法，殊不知这部分的知识才是学习化学的终极目标和价值所在。

义务教育化学课程作为一门自然科学课程，具有基础性和实践性，对落实立德树人根本任务，促进学生德智体美劳全面发展具有重要价值。义务教育化学课程有利于激发学生对物质世界的好奇心，能形成物质及其变化等基本化学观念，发展科学思维、创新精神与实践能力，养成科学态度和社会责任，为学生的终身发展奠定基础。

（二）课程理念

2022年版的义务教育化学课程标准中，课程理念包括5个方面：

1. 充分发挥化学课程的育人功能

落实立德树人根本任务，培养有理想、有本领、有担当的时代新人。

2. 整体规划素养立意的课程目标

化学课程既强调化学学科及科学领域的核心素养，又反映未来社会公民必备的共通性素养。

3. 构建大概念统领的化学课程内容体系

每个学习主题围绕大概念选取多维度的具体学习内容，既包括核心知识，又包括对思维方法、探究实践和情感态度价值观等方面的要求。

4. 重视开展核心素养导向的化学教学

引导学生自主学习，开展以化学实验为主的多样化探究活动；创设真实问题情境，倡导"做中学""用中学""创中学"，开展项目式学习，重视跨学科实践活动。

5. 倡导实施促进发展的评价

加强过程性评价，关注学生在化学学习活动中的表现，基于证据诊断学生核心素养的发展水平，实现"教—学—评"一体化。

课程理念的理解：以"化学课程内容：大概念统领""化学课程实施：核心素养导向的教学""化学课程评价：发展性评价"为基础，实现"化学课程目标整体规划：素养立意"，最终达到"育人功能：全方位全过程育人"（如图2所示）。

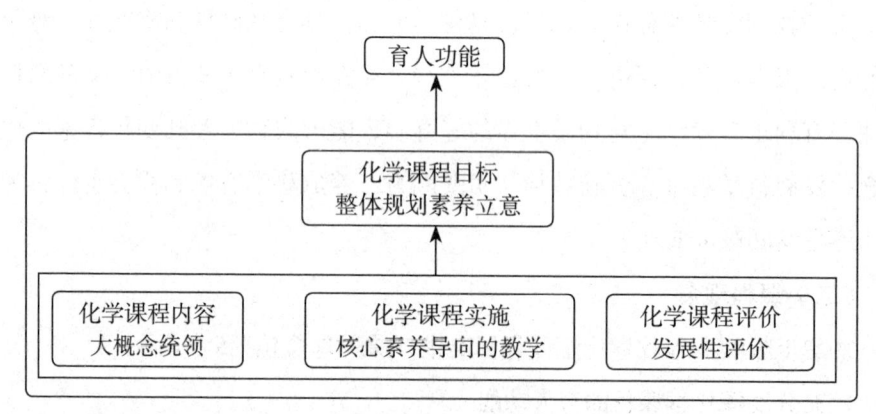

图2 全方位全过程育人的课程理念

（三）课程目标

1. 核心素养内涵

（1）化学观念

物质的组成与结构：元素组成观；微粒构成观；物质多样性；物质分类观。

物质的性质与应用：结构决定性质，性质决定用途。

物质的化学变化：生成新物质；能量转化；质量守恒定律；物质转化等。

（2）科学思维

运用比较、分类、分析、综合、归纳等科学方法；

基于证据推理、建构模型并推测物质及其变化的思维能力；

在解决化学真实问题中形成质疑能力、批判能力、创新意识。

（3）科学探究与实践

以实验为主的科学探究能力；

获取和加工信息的自主学习能力；

制作与使用相关模型和作品的能力；

提出解决实际问题初步方案的能力；

分工协作、沟通交流、合作解决问题的能力等。

（4）科学态度与责任

发展对物质世界的好奇心、想象力和探究欲；

严谨求实的科学态度；

勇于修正错误观点的科学精神；

形成节约环保的习惯，树立生态文明的理念；

热爱祖国，为实现中华民族伟大复兴和推动社会进步而勤奋学习的责任感等。

2. 目标要求

形成化学观念，解决实际问题；发展科学思维，强化创新意识；经历科学探究，增强实践能力；养成科学态度，具有责任担当。

"科学探究与实践"处于化学课程所要培养的核心素养的中心位置（如图3所示）；"化学观念"既是化学探究与实践的内容载体，又是科学探究与实践在知识层面的探究成

图3 核心素养间的位置

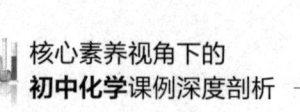

果；"科学思维"是学生在科学探究与实践中解决情境问题、形成科学结论的思维方式；"科学态度与责任"是学生通过科学探究与实践过程在态度情感价值观层面的体验和收获。

（四）课程内容

义务教育化学课程以促进学生核心素养发展为导向，设置5个学习主题：科学探究与化学实验、物质的性质与应用、物质的组成与结构、物质的化学变化、化学与社会·跨学科实践。

每个学习主题包含：内容要求、学业要求（教学评价）、教学提示（教学策略、情境素材、学习活动）。

每个学习主题由五个维度的内容构成：大概念、核心知识、基本思路与方法、重要态度、必做实验及实践活动。

大概念反映学科本质，具有高度概括性、统摄性和迁移应用价值。结合学习主题特点，明确大概念及其具体内涵要求：化学科学本质；物质的多样性；物质的组成；物质的变化与转化；化学与可持续发展。

（五）学业质量

1. 学业质量内涵

学业质量是学生在完成课程学习后的学业成就表现，反映了核心素养的培养要求。学业质量标准是化学学业水平考试命题的重要依据，对化学教材编写、教学和评价实施具有重要的指导作用。

2. 学业质量描述

在下列情境中能做到应用相关化学知识：在认识物质组成、性质及分析相关实际问题的情境中；在探索化学变化规律及解决实际问题的情境中；在实验探究情境和实践活动中；在常见的生产生活和社会情境中。

例如：能说明分子、原子、离子的区别与联系；能识记并正确书写常见元素的名称和符号；能用物质名称和化学式表示常见物质；能分析常见物质中元素的化合价；能根据化学式进行物质组成的简单计算等。

研究者对153位学生开展了问卷调查：学生学业质量的主要变量与效应量

（如图4所示）。由图中数据可知影响学生学业质量的主要效应量为教师、课堂和教学。

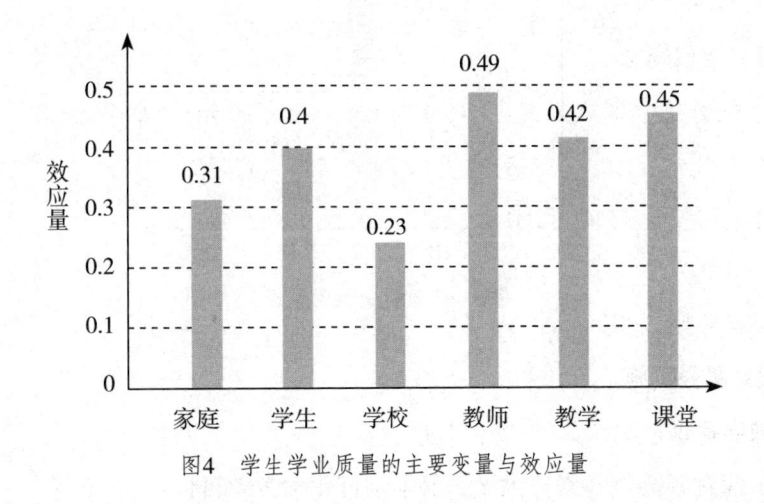

图4 学生学业质量的主要变量与效应量

另对这153位学生开展问卷调查：有一个人，你愿意听他话，其原因是什么？

A. 他是成功人士

B. 他曾对你有过帮助

C. 他总是让你对未来充满希望

D. 他重视你

E. 你重视他（学生重视老师）

调查结果如图5所示，其结果为：学生愿意听教师的话，是因为教师总是让学生对未来充满希望。在化学教学过程中，刚开始教授化学知识期间，教师的讲解速度不宜过快，应该尽量照顾到所有想学习的学生，利用课后时间对学困生加以辅导，利用小测试及时掌握学生的学习情况，教授学生学习化学的方法并养成良好的学习习惯，通过针对性复习然后再补测的方法让学困生找到学习化学的希望。学生学会、会学，才能爱学。

图5 愿意听他话的原因

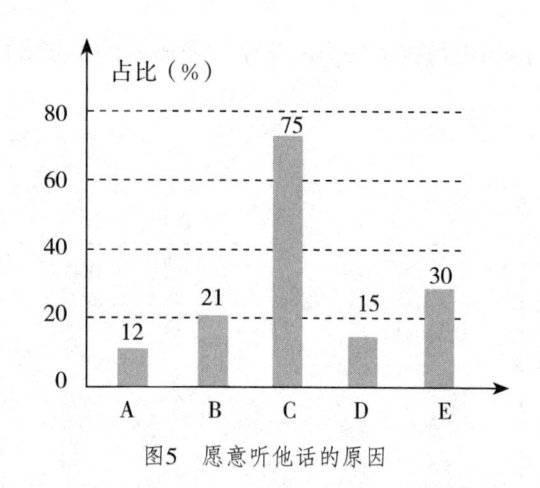

（六）课程实施

1. 教学建议

（1）深刻领会核心素养内涵，科学制订化学教学目标

学生核心素养的发展是一个持续进步的过程。根据核心素养内涵、课程目标及内容要求、学业要求和学业质量标准，结合学生的已有经验和认知特点，设计教学目标。教学目标设计要素关系如图6所示。

内容：教师教什么？学生学什么？

活动：教师怎么教？学生怎么学？

情境：在什么氛围下教？在什么氛围下学？

评价：教得如何？学得如何？

策略：如何教得更有效？如何学得更有效？

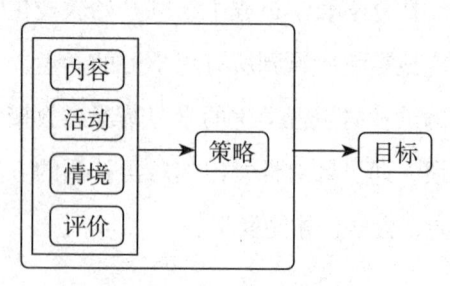

图6 教学目标设计要素

（2）全面理解课程内容体系，合理组织化学教学内容

注重基于核心素养来理解课程内容体系，刚开始学习化学阶段应主要培养学生形成化学观念，如上海教育出版社出版的九年级化学"第1章　开启化学之门""第2章　身边的化学物质""第3章　物质构成的奥秘""第4章　认识化学变化"对应着"物质多样性""物质的组成""物质的变化与转化"等反映化学学科本体论意义的大概念，这部分教学内容应重视基于大概念来组织单元教学内容，要重视教学内容的层次性和相关性，如物质的多样性：先学习身边简单的物质氧气、二氧化碳和水；再学习金属这一类物质和混合物溶液，最后再学习相互之间关系紧密的酸、碱、盐。

重视选择和组织体现科学、技术、社会、环境相互关系的教学内容，紧密联系生产生活实际，还应重视跨学科内容的选择与组织，加强与物理、生物学、地理等学科的联系，让学生在更宽广的学科背景下综合运用化学和其他学科的知识解释分析相关现象和解决有关实际问题。

教学内容可依托的情境素材有：氧气的发现；传统化学工艺：湿法炼铜；瓷器、铜器、铁器制造；久置氢氧化钠溶液的成分；二氧化碳的捕集与封存、转化与利用及碳中和；淡水危机、水的净化方法、海水制盐、海水淡化；《天工开物》中金属冶炼、合金材料的制造；人类对物质组成的认识的发展；石灰岩溶洞与钟乳石的形成；新能源的开发与利用；石器、青铜器、铁器、高分子合成材料的变迁；家用洗涤剂、消毒剂的使用说明；食物中所含的主要营养物质及其含量等。

（3）充分认识化学实验的价值，积极开展科学探究与实践活动

以实验为基础是化学学科的重要特征之一，化学实验对全面发展学生的核心素养有着极为重要的作用。科学探究是一种重要的科学实践活动，是化学课程要培养的核心素养不可或缺的组成部分。根据学生的认知发展水平，精心设计探究活动，高效组织和实施探究教学。

对于人类知识的特征的描述和研究中，墨家将人类的知识分为"闻、说、亲"。墨家著作《墨经》中讲道：知，传受之，闻也；方不障，说也；身

观焉，亲也。具体描述为：知识，一是直接来自前辈的知识（闻）；二是来自学伴之间的辩论与自己的推理反思（说）；三是自己亲身经历经验获得的（亲）。墨家的观点中"闻"对应"形成化学观念"，"说"对应"发展科学思维"，而"亲"则对应"经历科学探究"和"养成科学态度"。

英国著名物理化学家和思想家波兰尼认为："人类的知识有两种。通常被描述为知识的，即以书面文字、图表和数学公式加以表述的，只是一种类型的知识。而未被表述的知识，像我们在做某事的行动中所拥有的知识，是另一种知识。"他把前者称为显性知识（或明确知识），而将后者称为隐性知识（或默会知识），按照波兰尼的理解，显性知识是能够被人类以一定符码系统（最典型的是语言，也包括数学公式、各类图表、盲文、手势语、旗语等诸种符号形式）加以完整表述的知识。隐性知识和显性知识相对，是指那种我们知道但难以言述的知识。

隐性知识的特征：

默会性：不能通过语言、文字、图表或符号明确表述。隐性知识一般很难进行明确表述与逻辑说明，它是人类非语言智力活动的成果。这是隐性知识最本质的特性。

个体性：隐性知识是存在于个人头脑中的，它的主要载体是个人，它不能通过正规的形式（例如，学校教育、大众媒体等形式）进行传递，因为隐性知识的拥有者和使用者都很难清晰表达。

非理性：显性知识是通过人们的"逻辑推理"过程获得的，因此它能够理性地进行反思，而隐性知识是通过人们的身体的感官或者直觉、领悟获得的，因此不是经过逻辑推理获得。

情境性：隐性知识总是与特定的情境紧密相联系的，它总是依托特定情境存在，是对特定的任务和情境的整体把握。这也是隐性知识很重要的特征。

整体性：尽管隐性知识往往显得缺乏逻辑结构，然而，它是个体内部认知整合的结果，是完整、和谐、统一的主体人格的有机组成部分，对个体在环境中的行为起着主要的决定作用，其本身也是整体统一，不可分割的。

科学探究具有隐性知识的特征，能进行安全、规范的实验基本操作；独立或与同学合作完成简单的化学实验；能主动提出有探究价值的问题，设计并实施科学探究；获取相应的实验证据，分析得到结论并与同学交流探讨；能与同学合作、分享，能听取他人的合理建议；评价、反思、改进学习过程与结果，初步形成自主、合作、探究的能力等。

（4）大力开展核心素养导向教学，有效促进学习方式转变

课堂教学是发展学生核心素养的主渠道，积极探索大概念引领的课堂教学改革，在教学方式上注重探究实践和科学思维培养，重视"教—学—评"一体化，实现课堂教学从掌握知识到发展素养的转变。创设真实、生动、直观且富有启迪性的学习情境，能够激发学生的化学学习兴趣，引发学生的思考，帮助学生建构大概念和核心概念，促进学生核心素养的发展。

在化学课程学习中，学生的核心素养发展是一个自我建构、不断提升的过程。教师应紧紧围绕核心素养发展的关键环节，注重运用启发式、探究式、建构式、线上线下混合式等多样化的教学方式，促进学生自主学习和深度学习，发展学生的科学思维能力；注重设计真实情境下不同陌生度和复杂度的问题解决活动，引导学生通过小组合作、实验探究、讨论交流等多样化方式解决问题；注重开展项目式学习活动和跨学科实践活动，引导学生"做中学""用中学""创中学"，促进学生核心素养的发展。

关于教与学的方式方法有很多，在传统的教学方法中具有代表性的有以下几种。

教：有教无类；因材施教；寓教于乐；教学相长。

学：学而致用；学而时习；循序渐进；持之以恒。

《礼记·学记》中讲道："是故学然后知不足；教然后知困。知不足，然后能自反也。知困，然后能自强也；故曰教学相长也。"其意思是：经过学习才知道自己知识的不足，经过教授才知道自己知识的困惑。通过实践才能不断发现问题、完善自己、提升自己，尤其是在教学之中，通过教学实践与反馈，

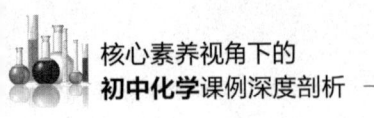

不断完善教学方式，可以达到教学相长的效果。

《论语·宪问》中说："不怨天；不尤人；下学而上达。"

朱熹注："……此但自言其反己自修，循序渐进耳。"

宋代楼钥在《攻愧集·雷两应诏封事》中讲："凡应天下之事，一切行之以诚，持之以久。"

"学会学习"是学生基本的核心素养，我们还应指导学生如何高效学习。这就需要思考、实践与研究：每种学习法适合于什么样的学生，适合于什么样的学科知识，适合于什么样的课型。

费曼学习法：要点是"兵教兵"，想办法把别人教懂。此有两大好处：一是减轻教师工作负担；二是促使优生进行深度学习，优者更优。

西蒙学习法：要点是"集中火力专攻一点"。此法主要用于查漏补缺。

搏赞学习法：又称"思维导图学习法"，主要是训练学生的逻辑思维、发散思维和归纳总结的能力。

SQ3R学习法：又称"五步"读书学习法。学习的步骤主要包括：浏览（survey）、提问（suestion）、阅读（read）、背诵（recite）、复习（revise）五个部分。SQ3R学习法原则上适用于所有的学科领域。

2. 评价建议

（1）日常学习评价

日常的过程性评价主要通过收集和分析学生在课堂学习、实验探究、跨学科实践活动、课堂小测、课后作业、单元测试、阶段检测等学习活动中的表现，诊断学生核心素养的发展情况，为教学改进提供依据。

优化单元作业的整体设计与实施。减轻作业负担，科学设计单元作业，体现整体性、多样性、选择性和进阶性，作业的内容、类型、难度、数量和完成时间要符合单元学习目标的总体要求，符合学生的实际情况。

（2）学业水平考试

命题原则：依据课程标准；坚持核心素养立意；保证科学性和规范性。

命题规划：确保试卷结构合理；系统制订多维细目表。

试题命制：科学确定具体的评价目标及要求；精选情境素材，合理调控问题情境的复杂度；科学设置试题任务，丰富题目呈现形式；科学制订评分标准。

3. 教材编写建议

（1）课程资源开发与利用

化学课程资源包括实验室资源、文本资源、信息技术资源和社会教育资源等。

（2）教师培训与教学研究

① 教师培训建议

开展教师培训是落实课程改革要求、提升育人质量的关键。培训应面向全体教师，坚持"先培训后实施"。注重充分发挥教研部门在提高培训质量和巩固培训效果中的积极作用，统筹课程专家、学科教育专家、教研员和一线骨干教师的力量，提升培训质量。精心选择培训内容和采用多样化培训方式。

② 教学研究建议

教研对于课程标准的有效实施具有不可或缺的作用。注重区域教研和校本教研的体系建设和协同，整合各类资源，创新教研机制，高水平开展研究、指导和服务工作。

健全校本教研制度。充分发挥学校化学教研组和各年级备课组的作用，构建校级常态教研共同体，形成时间固定、主题聚焦、人人参与、研讨交流的学科教研机制。通过校际联动，整合名师资源，开展多层次的校际学习交流。

聚焦本校教学难点。以课程实施过程中教师面临的具体问题为研究对象，以教师为研究主体，以教学改进和师生共同发展为研究目的开展校本教研活动。

创新校本教研形式。集体备课、课堂观摩、交流研讨和学生访谈等，是校本教研的基本活动形式，倡导建立"问题—研究—改进—实践"的学科校本教研模式。充分发挥年级骨干教师的作用，通过名师工作室、教学沙龙、工作坊和微论坛等方式，开展学科和跨学科的专题研讨，解决教师教学中的问题。

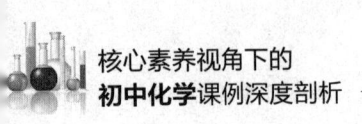

参考文献：

[1] 杨秀玉.教师发展阶段论综述[J].外国教育研究，1999，6：36-41.

[2] 李瑛.我国教师发展阶段论及其启示[J].安徽工业大学学报（社会科版），2006（4）：127-129.

[3] 钟祖荣，张莉娜.教师专业发展阶段的调查研究及其对职后教师教育的启示[J].教师教育研究，2012，24（6）：20-25，40.

[4] 中华人民共和国教育部制定.义务教育化学课程标准（2022年版）[M].北京：北京师范大学出版社，2022.

脚踏实地思教学　仰望星空促发展

教师专业发展是指教师作为专业人员，在专业思想、专业知识、专业能力等方面不断发展和完善的过程，即从新手型教师到专家型教师的过程。教师专业发展的内涵主要包括：强调教师是潜力无穷、持续发展的个体；要求把教师视为"专业人员"；要求教师成为学习者、研究者和合作者；要求教师具有发展的自主性。

教师的自主专业发展强调的是发展教师个体的个性和特长，使个体的潜质充分发挥出来。教师的专业发展需要教师自身思考和解决的3个问题是：为何发展？发展什么？如何发展？当我们开始思考如何发展自身的专业时，就已经迈出最难的步伐，也就已经成功了一半，接下来要做的就是脚踏实地地从教学过程中的点点滴滴做起，经过积累、沉淀、成长，发展为专家型教师。

一、学习的态度

终身学习是教师专业发展的前提保证。刚参加工作的教师从学习的角度大致可以分为三种：第一种不肯学习的，很快被淘汰；第二种肯学而不善于学习的，也一样最终被淘汰；最后成功的是既肯学习又善于学习的人。我们不要以为肯学习就能成功，如果你不善于学习，最后还是很难到达成功的彼岸。怎样做到善于学习呢？教师学习的对象很多，善于从一节公开课、一次讲座、一次交流中学习到一点原来自己没有意识到的教学方法或策略，那就是一大收获。

《论语·里仁》中讲：见贤思齐焉，见不贤而内自省也。见贤思齐是指见到有才德的人就想着与他齐平。这个成语中最为关键的是"思"，即在学习、生活、工作过程中要善于思考，得到解决差距的方法和策略。以他人为鉴，以他人为镜，这是一个很重要的个人修养的提升方法。见贤思齐，以别人的长处和优点为鉴，来补己之短、提升自己；见不贤而内自省，以别人的过失为鉴，避免自己犯错。要用好这一方法，首先要谦虚，其次要好学，再次要消除偏见，最后要善于沟通。与教研组教师一起工作应该遵循的原则是：团结协作、相互促进、共同进步、学会感恩。"一字之师"告诉我们，在教学工作中，能够成为我们指导教师的不仅仅限于名义上"结对子"的教师，而是在平常教学中的每一个人。无论他的身份地位如何，无论他教给我们多少知识，只要他在某一小方面值得我们学习，教导过我们，就应该尊称他为老师，就应该心怀感恩。

近几年经常听到一些人以"习惯"作为理由而拒绝学习改变。习惯原有优秀的生源而拒绝改变教学方法教育普通学生；习惯原有难度大的习题而拒绝重新编写习题；习惯原有快速的教学进度而拒绝减缓教学进度让普通学生跟上；习惯高难度的试题而拒绝编写不同难度的习题以适应各层次的学生。"唯一不变的是变化本身"：学生变了，难度变了，试题变了，总分变了……让我们一起学习变得更好更优秀。

二、高效的课堂

教学课时减少了但知识点没有减少，课堂教学要有相应的改变。课堂笔记的记录方式要改变，将时间留给学生思考。整合教材知识点，组织大概念单元教学，设计符合学生的认知规律的教学过程。

课堂教学中导致学生没有时间去思考和理解知识点的错误做法有：课堂笔记让学生写在笔记本上，甚至教材中已经有的图表或文字也需抄到笔记本中，课堂上学生大部分时间用于记笔记，课后还要将知识点抄一遍到校本练习册中；或者直接利用校本练习册中的知识要点进行课堂教学，这样的教学使得学生失去形成知识体系的过程，只能被动接受知识。如：上教版九年级化学上册教材第9～11页，设计了通过蜡烛燃烧研究物质的性质与变化的问题。某校设计的校本练习中的知识要点如图1所示。

我们可以用文字表达式来表示什么物质参与反应，生成什么新物质，反应的条件是什么。

写出下列化学反应的文字表达式：
①碳酸氢铵加热＿＿＿＿＿＿＿＿＿＿＿＿＿＿＿＿＿＿＿＿＿＿＿；
②蜡烛燃烧＿＿＿＿＿＿＿＿＿＿＿＿＿＿＿＿＿＿＿＿＿＿＿＿。

【问题讨论】
1. 从蜡烛火焰中引出的一缕白烟是什么？

2. 伴有发光、放热现象的变化一定是化学变化吗？

3. 某固态物质受热后变为气态物质，这种变化一定属于物理变化吗？请举例说明。

【物质的性质】
（1）物理性质：＿＿＿＿＿＿＿＿＿＿＿＿＿＿＿＿＿＿＿＿＿＿＿＿，
包括内容：＿＿＿＿＿＿＿＿＿＿＿＿＿＿＿＿＿＿＿＿＿＿＿＿＿＿。
（2）化学性质：＿＿＿＿＿＿＿＿＿＿＿＿＿＿＿＿＿＿＿＿＿＿＿＿，
物理性质和化学性质的区别：＿＿＿＿＿＿＿＿＿＿＿＿＿＿＿＿＿＿。

图1 某校本练习的知识要点

这样的校本练习，需要学生书写内容过多，浪费教学时间，课堂易倦怠，且不利于培养学生思维能力，需要进行改进。

教学建议：上课时先不用告诉学生今天要学习什么内容，也不用让学生打开化学教材，而是直接拿出准备好的分组实验（5~8人一组），引导学生观察蜡烛的颜色、状态、气味，通过实验确定蜡烛密度比水大还是比水小，然后通过设计实验探究蜡烛燃烧的产物，分析探究熄灭蜡烛后的一缕白烟是什么物质。接着，通过上述实验和分析，归纳总结出物理变化与化学变化、物理性质与化学性质。最后，再让学生打开教材梳理笔记，相当于又重温一次实验探究过程。教材中已经有的定义或知识点只需标注出重要词语。

此节课涉及实验装置与药品有：蜡烛、火柴、干燥且冷的集气瓶、装水的烧杯、澄清石灰水，5 cm长的小导管。

三、整体的观念

化学学科的特点是新课刚结束就要马上进入复习，教学进度相当紧凑，但教学过程中有2个章节知识一定要停下来"等"学生：化学用语和酸碱盐。

初中化学的教学过程要有整体的大局观，刚开始的教学要慢，要让绝大部分学生学会化学，让学生喜欢学习化学，利用化学实验来吸引学生，要由易到难教授化学用语，为后面的教学难点提前布局等。9月至11月最初三个月的时间里主要是让学生养成学习化学的习惯，这期间主要的教学工作是改变学困生的精神状态、学习信心和习惯。这段时间是教师与学生建立相互信任的最佳时期，只要我们教师不放弃任何一个想学习的学生，那么学生们将回报优秀的学习成绩。如果在期中考试之后再考虑去培养学生学习化学的信心和习惯，那将是一件非常困难的事情。

黄静洁老师所著《学习的格局》中提到：85%，即在学习新知识或技能时，其中的85%是已经熟悉和掌握的，这样就能达到最佳训练出错率15%，即新知识占比为15%时才会达到最佳学习效果。

学习是一个连续的过程，后面新知识的学习需要用到前面学习过的知识，例如：掌握原子结构示意图才能更好理解电子得失情况，掌握电子得失情况才能分析元素的化合价，掌握化合价才能书写离子符号和化合物的化学式。

以学习"铁的合金"的过程为例：

（1）生铁和钢：利用对比含碳量的方法区别生铁和钢并理解各自的性质差异；

（2）合金的特性：合金是金属材料，利用归纳法总结出合金的特性；

（3）生铁炼成钢的原理：分析生铁和钢的含碳量差异得出生铁炼成钢的原理；

（4）生铁中加入足量的稀盐酸后余下固体是什么物质：设计项目式实践活动进行实验探究。

四、配套的试题

化学试题根据其作用可分为：课堂练习、课时习题、单元试题、月考试题、期中试题、复习专题试题、中考模拟试题等。根据其作用的差异进行试题编写，习题中涉及的知识关联度决定了试题难度。下面以"溶液稀释的相关计算"为例进行说明。

课堂练习：

欲配制500 g溶质质量分数为9%的稀盐酸溶液，需36%的浓盐酸_____g，需水_____g。

课时习题：

100 g 15%的蔗糖溶液可浓缩为_____g 30%的蔗糖溶液，需蒸发掉_____g水。

单元试题：

将80 g 质量分数为35%的浓盐酸，稀释成10%的稀盐酸，需加水的质量为（   ）。

A. 280 g　　　　　　　　B. 252 g

C. 200 g　　　　　　　　D. 100 g

中考模拟试题：

20 ℃时，氯化钠的溶解度为36 g。20 ℃时，将78 g氯化钠饱和溶液加水稀

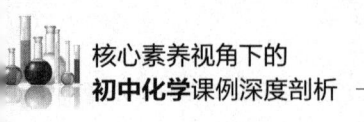

释可得到_____g溶质质量为9%的氯化钠溶液。

　　试题编写要体现系统性、渐进性、不重复性、科学性等。"系统性"是指上述一系列试题应该统一编写，前后习题应该相互呼应，相互补充，从不同角度考查相同的知识点；"渐进性"是指试题的综合度、难度值、情境材料、思维能力、分析能力等应该逐步提升；"不重复性"是指要将所有提供给学生的试题当作一个整体，不能相同的一道试题重复出现在不同的试卷中，这就要求编写试题时要团队合作；"科学性"是指在编写试题时要重视知识的科学性，当然试题的背后是教师对化学学科的理解程度，这就需要加强教研和试题研究，避免试题出现科学性错误的最佳方法是进行磨题。

　　常见问题有：课时练习、单元考试时就出现大量中考试题；试题使用前没有事先做一遍，结果正式考试时导致漏洞百出；题目重复出现多次等。

五、从容的定力

　　教学要保持定力，不能人云亦云，更不能从众，要有自己的教学思考。教学定力来自于对学生的了解和对教学规律的认知。

　　教师要对学生成绩和试卷进行深入研究，发现其中的教学规律，比如平时学习成绩处于B级的学生在中考一般能达到A级；通过分析学生得分情况，可知学生存在的问题是知识储备不足还是解题思维能力不足，从而针对不同问题采取不同的解决方式。

　　让学生自己绘制化学成绩曲线图，直视自己的成绩变化，及时调整学习策略。教师汇总学生成绩表，不能公开展示学生成绩，只用于分析学生的学习变化情况，为学生提供学习方案，调整教学策略。平时稳定的学习成绩对于部分心理素质较差的学生而言就是中考时的定心丸。

　　某班的学习成绩表如图2所示，根据表中数据开展学习指导和教学，可达到事半功倍的效果。

9.3	9.6	9.15	9.19	9.24	10.6	10.10	10.24	11.3	11.7	11.11	11.18	11.27	11.28	12.12	12.23	1.8	1.13	1.23	1.27		
卷一	周考	卷二	周考	卷三	周考	卷四	周考	卷五	周考	卷六	周考	期中	卷七	周考	卷八	周考	卷十	周考	统考	平均	排名
98	97	92	98	97	99	94	97	99	91	97	97	92	97	97	93	92	100	94	93	95.71	8
98	100	98	89	95	93	93	88.5		93	93	93	97	96	96	92	96	94	99	99.75	94.41	12
95	99	98	99	99	96	95	100	94	97	98	97	90		95	100		100	99	98.5	96.94	2
98	97	96	94	97	96	100	96	98	92	95	88	93	91	95	100	97	96	91.5	95.41	10	
93	97	95	97	97	96	90	98	92	92	91	93	88	95	93	91	96	95	94	93.76	15	
96	100	94	100	98	96	95	100	97	99	98	95	85	96	100	97	91	99	99	97	96.18	3
99	100	92	95	94	92	93	98	91	82	93	88	88	93	91	86	93	97	95	86	92.24	27
92	95	91	89	94	91	91.5	91	92	94	93	83	97	96	89	100	94	98		100	92.50	24
91	100	95	98	99	93	92	100	94	97	96	94	93	97	96	94	94	98		100	95.59	9
92	97	99	99	97	94	95	96	94	96	99	97	95	95	94	96	96	94	94	96.12	4	
94	100	98	94	89	93	92	90		95	93	96	89	90	91	89	97	96	94	100	93.19	18
93	97	100	92	89	88	94	92	91	93	94	93	88	96	94	89	95	99	94	93	92.71	20
97	100	99	89	90	92	93	91	92	91	97	97	91	95	84	93	91	97	92	93	92.53	22
90	100	91	86	93	94	92	94	90	98	91	88	80	98	96	92	96	88	93	92.5	92.29	25
97	100	87	82	99	85	92	90	98	89	84	92	88	94	83	89	91	93	95	100	90.71	28
89	96	90	91	91	92	91	88	88	87	90	85	91	87	97	86	91	94	75	99	90.00	29
93	97	99	93	92	96	94	89	87	91	100	92	90	88	87	89	92	99	92	94	92.76	19
98	100	96	97	94	97	95	99	95	100	94	93	88	96	96	95	95	91	94	98	95.94	5
100	99	93	96	97	94	93	95	95	94	97	97	97	93	98	92	96	99	97	97	95.82	6
96	97	96	99	100	97	96	98	99	94	95	95	94	93	93	90	92	100	100	100	95.76	7
96	96	99	85	89	90	90	93	83	89	88	86	90	84	83	88	95	83	97	89.71	30	
89	96	86	97	92	88	83	75	87	92	88	87	86	81	86	90	92	91			87.94	31
87	95	83	84	87	84	88	87.5	85	88	88	91	80	87	77		98	100	85	99	86.84	32
93	96	89	95	95	91	100	92	97	95	94	85	98	89	94	97	97	93.82	14			
99	96	98	92	98	94	97	90	91	93	96	93	91	92	97	96	96	97	94.24	13		
94	95	92	86	92	86	90	91	93	92	93	97	89	93	100	94	94.5	93.65	16			
98	100	95	94	92	91	93	93	100	96	90	92	81	94	91	93	97	89	93.35	17		
95	99	89	97	95	97	90	95.5	90	92	92	94	76	93	98	94	84	96	95	98	97	92.26	26
90	100	95	95	85	91	91	87	96	93	94	93	91	90	95	100	96	96	98	92.59	21	
96	96	87	90	94	91	93	95	96	95	90	84	88	99	90	98	94	92.5	92.53	23		
95	97	97	98	97	94	94	97	96	92	90	91	94	99	92	98	100	100	95.24	11		
98	100	97	95	100	93	97	100	99	98	96	100	96	96	98	95	100	98.5	97.47	1		
94.7	98.1	94.4	93.2	94.1	93.3	92.6	93.6	93.1	93.9	92.7	92.7	88.7	94.3	92.4	91.7	95.1	96.0	93.2	96.1	93.4	

图2 某班学习成绩汇总表

六、细致的辅导

　　对学生的辅导不能只是提供给学生正确的答案，而应帮助学生找出错误的原因和指导学生正确的学习方法。部分教师经常在考试之后马上将印好的答案分发给学生进行校对，这样的行为十分简单粗暴，这样的操作只对大约10%的优秀学生有用而对于大部分学生是没有任何作用的，大部分学生只是知道自己做错了而不清楚自己为什么做错，不清楚自己缺少掌握哪些知识点，不清楚要运用哪些知识点来解题，更不清楚自己后续要如何学习才能解决问题等。学生的这些困惑绝不是简单分发一份标准答案所能解决的，而是要与学生一起从试题情境和解题过程共同分析，找到错误的原因并找到避免再次犯错的方案。

教学建议：对于课后习题或者试题，教师应进行细致的批改，指出学生的错误；对于大部分学生都做错的题，在课堂上可以先让学生思考再进行分析解答；而对于个别或少数学生做错的题，应尽量做到当面细致的辅导，帮助和指导学生解决学习困惑。在辅导学生的过程中，教师还应对学生所犯错误原因进行分析、归纳、总结，然后改进教学策略，使自身的教学能力得以提升。

例题：

"7150灭火剂"（$C_3H_9B_3O_6$，相对分子质量为174）以雾状形式喷射到燃着的金属时，立即发生燃烧反应：$2C_3H_9B_3O_6 + 9O_2 \xrightarrow{\text{点燃}} 3B_2O_3 + 9H_2O + 6CO_2$。反应能很快耗尽金属物质附近的氧气，生成的玻璃状$B_2O_3$覆盖在金属物品表面而隔绝空气，从而有效灭火。

若充分燃烧348 g "7150灭火剂"，会消耗常温下的氧气多少升？（常温下氧气密度约为1.4 g·L^{-1}，结果保留一位小数）

典型错误："$2C_3H_9B_3O_6$"直接以174代入化学方程式进行计算；"$9O_2$"直接以32代入化学方程式进行计算；书写格式不规范；将288 g÷1.4 g·L^{-1}的结果205.7 L计算为25.7 L等。

学生计算过程中所犯的错误不尽相同，因此，我们教师的辅导也应具有针对性，而不是千篇一律地照着标准答案校正试卷错误。

七、创新的精神

创新精神是指要具有能够综合运用已有的知识、信息、技能和方法，提出新方法、新观点的思维能力和进行发明创造、改革、革新的意志、信心、勇气和智慧。

孟子曰：爱人不亲，反其仁；治人不治，反其智；礼人不答，反其敬。行有不得者，皆反求诸己，其身正而天下归之。其意思为：爱别人却得不到别人的亲近，那就应反问自己的仁爱是否足够；管理别人却不能够管理好，那就应反问自己的管理才智是否有问题；礼貌待人却得不到别人相应的礼貌，那就应反问自己的礼貌是否到家。凡是行为得不到预期的效果，都应该反省自己，自身行为端正了，天下的人自然就会归服。

知识点的讲解方法直接影响学生对知识的理解和接受程度。教学过程中，当学生对教师所教授的知识无法理解和接受时，教师更应该从自己的教学方面考虑，反思自己所采用的教学方法、策略是否符合学生的知识水平和认知规律。教学创新源自教学思考，思考学生的思维障碍点，针对其思维障碍点对知识进行分析讲解，改进教学，创新教学策略。

例如学生在学习量筒的使用方法时，经常无法区分读数与量取时的误差分析，其根本原因在于无法确定刻度与凹液面观察的先后顺序，还有部分学生是由于听信错误的误差分析方法"羊（仰视）小虎（俯视）大"。在教学中针对学生的知识水平应教会学生确定刻度与凹液面观察的先后顺序，然后再教会学生分析误差的方法，而且还需考虑学生在高中将学习滴定管的使用与误差分析方法。因此，对量筒的使用及误差分析的教学可以进行创新与改进。

创新教学1：量筒的使用及误差分析

读数：先看凹液面再定刻度。采用画图方法分析读数时的误差，如图3所示。

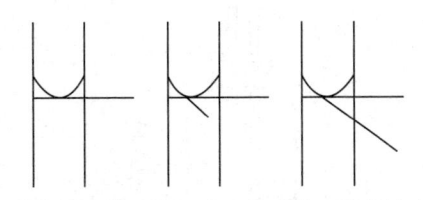

画仰视视线时从凹液面处开始：读数偏小

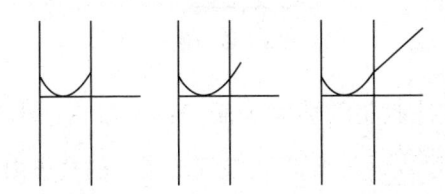

画俯视视线时从凹液面处开始：读数偏大

图3 读数时的误差分析

量取：先看刻度再定凹液面。采用画图方法分析量取5.0 mL水时的误差，如图4所示。

画仰视视线时从刻度处开始：水偏多

画俯视视线时从刻度处开始：水偏少

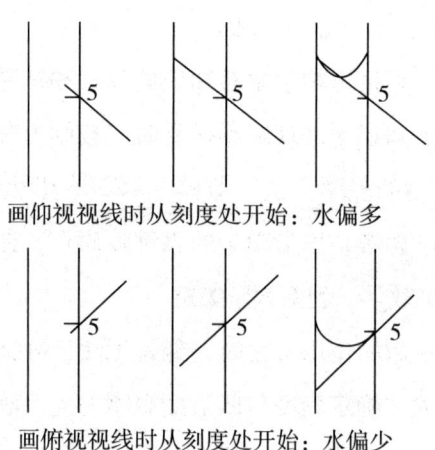

图4　量取时的误差分析

创新教学2：多功能瓶的使用

如图5所示多功能瓶装置的用途很多，使用时主要考虑气体由a端导入还是由b端导入。

图5　多功能瓶

（1）用于排空气法收集气体时（简记：大与长；小与短）：密度比空气"大"的气体由长导管a导入；密度比空气"小"的气体由短导管b导入。

（2）在瓶内装满水，用于排水收集气体时：因气体（不溶于水也不与水反应）的密度一般比水"小"，所以气体由短导管b导入。

八、小结

教师的教学对象是思维活跃、朝气蓬勃的学生，具有较强的创新意识及思维能力，较易接受新的思想及知识，促使教师也要不断接受新鲜事物，不断追求前沿知识，拓展知识领域，开阔视野。学习型社会的时代背景使得终身学习观得到社会的普遍重视，教师更是成为直接实践者。这促使教师自主学习，主动参与各种途径的学习、培训，不断促进自身专业发展。教师专业发展是一个持续不断的循序渐进的动态过程，贯穿于教师的整个职业生涯。

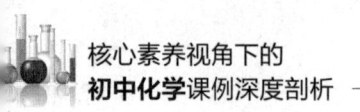

教学反思定主题　课例研究出方案

《礼记·学记》中讲："是故学然后知不足，教然后知困。知不足，然后能自反也；知困，然后能自强也；故曰：教学相长也。"教学过程中最大的问题是没有问题，教学过程中要敢于面对问题，勤于思考问题，善于研究问题，才能解决问题。课例研究主题来源于客观现实问题，只有从现实问题中确定的主题才具有研究的价值，才是课例研究真正的起点。以下是教学过程中思考的问题与初步解决方案。

问1：化学第一堂主要讲什么？

答1：主要让学生知道化学是什么，让学生感受化学实验的魅力，让学生喜欢上化学学科，知道学习化学的方法，清楚化学课堂教学要求。

问2：学生刚接触化学学科，如何讲解实验操作？如何讲解仪器用途？

答2：建议先让学生熟悉实验室的具体要求，然后带领学生到实验室进行分组实验，让学生熟悉各种实验仪器并分析其主要用途。仪器的用途可与生活器皿的用途相互联系，让学生取用液体药品（水）、粉末状或小颗粒药品（食盐）和块状药品（石灰石），熟悉药品的取用方法。让学生在实验室中掌握实验基本操作。

问3：化学用语什么时候开始教学？新课能否从第3章"物质构成的奥秘"开始教学？

答3：化学用语的学习具有系统性，其难度较大，如果一接触化学学科就讲化学用语，那将导致很大一部分学生对化学学习失去兴趣，甚至放弃化学。因此，对于普通学生而言，化学用语的教学应该是在平常的教学过程中慢慢地渗透，慢慢地理解，最后再系统学习以达到融会贯通。具体操作为：不断向学生抛出问题，然后让学生课后去查阅资料，在下一次课堂中回答或由教师讲解，通过不断地抛出新问题让学生循序渐进地学习掌握化学用语。例：你们知道水、二氧化碳和氧气的化学式，从水、二氧化碳和氧气的化学式，你能得到什么信息？为什么水、二氧化碳和氧气的化学式分别是H_2O、CO_2、O_2？为什么氢元素、氧元素的化合价分别为+1价、-2价？原子的结构示意图与化合价之间存在什么关系？

问4：空气中氧气体积分数的测定实验如何讲解才具有科学性？

答4：按照上教版九年级化学上册第13页的"观察与思考"中的操作进行实验（如图1所示），一般情况下进入集气瓶中的水约占集气瓶容积的五分之一左右，因此很多教师会很坚定地告诉学生：由这个实验我们可以证明空气中氧气的体积分数约为五分之一。然而这个实验之所以能测量出氧气的体积分数建立在2个不可或缺的实验事实的基础上。其中一个事实是空气中的氧气含量减少到8%左右时红磷将无法继续燃烧；另一个事实是将燃烧匙中的红磷点燃后迅速伸入集气瓶内，这一实验操作不管如何迅速，集气瓶内的空气受热后一定会部分逸出集气瓶，会导致集气瓶中气体的量减少，从而使得测量的氧气体积分数变大。综合以上两个分析可知，我们利用这个实验测量出的氧气体积分数是由2个实验的"错误"结合成的"正确"结果。对于这种实验，建议基于实验的科学性给学生解释清楚，从另一方面培养学生的科学态度和探究精神，引导学生对实验进行改进。

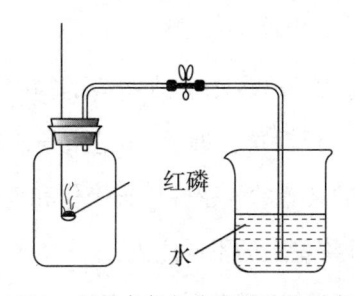

图1 空气中氧气体积分数的测定

实验改进：方案一，将燃烧匙中的红磷改为白磷，其他方面没有改变，重复教材中的实验，利用白磷的自燃消耗瓶中的氧气；方案二，燃烧匙中的可燃物仍然采用红磷，但连接一根铜丝用于将热量传导向红磷并将之点燃（如图2所示）。对比这两个实验还能得出白磷与红磷（都足量时）所消耗的氧气的量不相同。

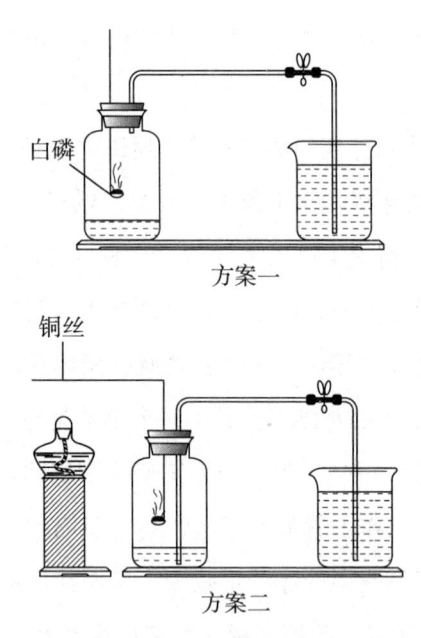

图2 改进实验的两种方案

问5：学生学习完装置气密性的检查方法之后，遇到新装置时，经常只懂得实验操作而无法描述出现象来证明装置是否具有气密性。如何进行教学更能达到教学目标？

答5：详细讲解气态方程：$pV=nRT$。现阶段的初中生已经掌握 p、V、T 分别是压强、气体体积、温度，然后再告诉学生 n 是指气体的量，R 是常数。引导学生按气态方程分析常见实验装置的气密性检查操作和现象。

问6：化学称量与物理称量上的不同之处？

答6：物理称量主要是称一物品的质量为多少，其主要操作是先放物品于托盘天平的左盘，再往右盘放砝码直至托盘天平平衡。化学称量主要是称一定质量的药品，其主要操作是先在托盘天平的右盘放好所需要的砝码并移动相应的游码，再慢慢地往左盘中加入药品至托盘天平平衡。称量时天平指针向左倾斜时，如果是物理称量接下来的操作应是继续添加砝码，而如果是化学称量接下来的操作应是取出少量药品。分析之后再加以具体实验操作，巩固理解。

问7：如何给学生解释氧气的化学式为O_2的原因？

答7：解释过程中要涉及共用电子对，经常担心学生无法理解而不给予解释。实际上当学生在理解原子的最外层电子数达到8电子时处于稳定状态，从每个氧原子的最外层电子数为6的角度考虑当2个氧原子相遇时如何稳定存在，学生很轻易就能找到解决方案：每个氧原子提供2个电子共用，这样就能达到8电子稳定结构。甚至还可以引导学生思考N_2中存在几对共用电子对，从而加深理解为什么氧气化学性质比较活泼而氮气化学性质稳定。

问8：氧气（或CO_2）的性质与氧气（或CO_2）的实验室制取之间的先后教学顺序是怎样的？

答8：教材中的教学顺序是：氧气的性质、用途、实验室制取。教材中的教学顺序必须制取两次气体，占用了大量时间且教学效果一般。第一次制取气体：在实验室制取完气体再带到教室，经常会出现气体漏气等问题；或者在课堂上制取气体然后再做气体相关性质的实验，课堂上学生已经观察到气体的实验室制法，将导致无法进行气体实验室制取的相关探究。第二次制取气体：讲解气体的实验室制取。教学建议：先讲解气体实验室制取再讲解气体的性质与用途。具体教学过程：提供相关信息和实验仪器，然后与学生一起探究如何在实验室制取气体，理论设计出实验装置并分析相关实验操作的作用和目的，完善实验设计和实验装置，然后进行实验操作制取气体，利用制取的气体进行相关性质实验，总结归纳气体的性质和反应现象，并引出气体的相关用途。

问9：第3章"物质构成的奥秘"的教学顺序如何安排？

答9：微粒的性质实验→原子的认识过程→卢瑟福α粒子轰击金箔→原子结

构→原子结构示意图→8电子稳定结构（He原子的2电子稳定结构）→电子得失情况→化合价→阴阳离子→原子间电子共用→分子→分子、原子、离子间的区别与联系→从氕、氘、氚信息中归纳出元素的定义→元素符号及其含义→由化合价书写化学式→化学式的书写与命名→化学式的计算→化学式的含义→归纳总结化学用语。

问10：燃烧与灭火的教学重点和难点是什么？

答10：燃烧的3个条件中需要探究的是可燃物的温度达到着火点，因此设计对照实验：从一块大木头中切出一根小木条，然后在相同条件下加热大木头和小木条，观察两者被点燃的先后顺序。分析现象得出结论：大木头和小木条属于同一物质，可知其着火点是相同的，加热过程中大木头或小木条吸收热量使其温度逐渐上升至着火点，但由于大木头与小木条的质量不同，升高相同温度时大木头需要的热量远远大于小木条。让学生从实验中深刻地理解着火点与吸收热量之间的关系。

灭火的教学难点在于灭火方法所对应的原理。例如吹灭蜡烛的灭火原理：是吹灭时带起热量使温度降低至着火点以下？是吹灭时将火焰中的石蜡蒸气带走从而将可燃物撤离燃烧区？或者以上两者都存在？利用热风（190℃以上）对准蜡烛火焰吹，可观察到蜡烛立即熄灭，蜡烛熄灭的主要原因是移走可燃物。

问11：质量守恒定律的教学过程中需按教材提出猜想与假设吗？教学重点是什么？

答11：学生已经通过各种渠道和小学科学学科学习，了解到质量守恒定律，且通过定律名称也能理解质量守恒即反应前后质量保持不变。因此，在教学过程中应更加重视从化学的角度去学习理解和掌握质量守恒定律。例如在铜与氧气加热生成氧化铜的反应中其质量关系：参加反应的铜的质量+参加反应的氧气的质量=反应生成的氧化铜的质量，而不能简单地描述为：铜的质量+氧气的质量=氧化铜的质量，并由此引出反应物与生成物的定义。

通过电子天平快速称量下列几组实验反应前后的质量变化情况，分析实验装置和反应现象，得出结论：有气体参加或有气体生成的化学反应，需要在密闭的容器中进行实验才能体现质量守恒定律。实验：蜡烛燃烧；石灰石与稀盐酸在烧杯中反应；石灰石与稀盐酸在塑料瓶中反应；氢氧化钠溶液与硫酸铜溶液在烧杯中反应；铁与硫酸铜溶液在敞口和密闭的容器中反应。

此处所采用的电子天平精确到0.001g，当铁与硫酸铜溶液在敞口的容器中反应，可清晰地观察到质量缓慢变小，其原因是硫酸铜溶液呈弱酸性，能与铁反应产生少量的氢气，当氢气逸出烧杯时，反应体系的总质量减少。

兴趣实验：将石灰石放于锥形瓶底，用小试管装稀盐酸后塞上橡皮塞（密封就行不能塞太紧）并放入锥形瓶中，放于电子天平上称量，然后翻转锥形瓶使石灰石与稀盐酸反应，随着反应进行，二氧化碳气体增多，瓶内压强变大至将橡皮塞弹出。捡回橡皮塞放于电子天平一起称量，可观察到锥形瓶中物质的质量逐渐减小。

问12：如何让学生理解铁与稀盐酸反应生成的是氯化亚铁而不是氯化铁？

答12：化学的"三重表征"已经发展为"四重表征"：宏观现象、微观解析、符号表达、曲线图像。教学过程中应引导学生从这四个表征全面理解掌握化学反应，比如铁与稀盐酸的反应中：宏观现象为铁逐渐溶解，产生气泡，溶液由无色变为浅绿色；微观解析为溶液中亚铁离子呈浅绿色而铁离子呈黄色（可对比氯化铁溶液与氯化亚铁溶液）；符号表达为 $Fe+2HCl=\!=\!=FeCl_2+H_2\uparrow$；可与学生一起画产生的氢气质量与参加反应的HCl质量的关系图。

问13：物质在水中的分散，能否从分散系的角度进行分析讲解？

答13：从分散系的角度进行分析讲解不仅不会加重学生学习的负担，反而能让学生系统地理解。根据被分散物质（分散质）的直径大小分为溶液、胶体、浊液。分散质的直径大于100 nm的为浊液，浊液再分为悬浊液和乳浊液；分散质的直径大小为1～100 nm之间的为胶体（高中再深入学习）；当分散质的直径小于1 nm时，此时分散质以离子或分子形式分散，称之为溶解。学生理解了溶解的定义才能更好地学习溶液能否导电等相关性质。

问14：常见酸的化学性质的教学模式？

答14：教材中关于稀盐酸和稀硫酸的相关化学性质分散于各个不同的学习

阶段，因此教学中应采用归纳总结的方式进行学习。从碳酸溶液能使紫色石蕊试液变红色、石灰石能与稀盐酸反应制取二氧化碳气体、铁能与稀盐酸反应、锌能与稀硫酸反应制取氢气、铁锈能与稀盐酸反应、氧化铜能与稀硫酸反应等化学方程式的书写，归纳总结出酸的化学性质有：与指示剂作用；与活泼金属反应；与金属氧化物反应；与盐（碳酸盐）反应。这样的教学可以大大提高教学效率，将重点放在探究酸碱中和反应情况。

问15：用澄清石灰水、氯化钙溶液能否鉴别氢氧化钠溶液和碳酸钠溶液？

答15：从理论上分析澄清石灰水、氯化钙溶液都能用于鉴别氢氧化钠溶液和碳酸钠溶液，然而当我们真正进行实验时，却发现实验现象与理论分析不一致。利用澄清石灰水鉴别时，若碳酸钠溶液的浓度偏低，则观察不到变浑浊的现象，因为氢氧化钙微溶于水，20 ℃时100 g水中仅溶解0.17 g的氢氧化钙，假设鉴别时滴入1 mL澄清石灰水，大约能产生0.023 g的碳酸钙，很难观察到溶液变浑浊。利用氯化钙溶液鉴别时，则观察到两种溶液中都出现明显的沉淀，无法达到鉴别的目的，其原因是：假设各取1 mL氢氧化钠溶液和氯化钙溶液，若混合后溶液中有0.16 g氢氧化钠和0.222 g氯化钙，则结合生成0.148 g的氢氧化钙，而2 g左右的水只能溶解0.0034 g氢氧化钙，此时试管中会有大约0.1446 g的氢氧化钙沉淀；而碳酸钠溶液与氯化钙溶液的反应中大约能生成0.2 g的碳酸钙沉淀。带领学生走进实验室开展实验探究活动，在探究过程中发现问题、解决问题。

问16：什么时候开展项目式教学最为合适？

答16：项目式教学是在老师的指导下，将一个相对独立的项目交由学生自己处理，信息的收集、方案的设计、项目实施及最终评价，都由学生自己负责，学生通过该项目的进行，了解并把握整个过程及每一个环节中的基本要求。项目式教学最显著的特点是"以项目为主线、教师为引导、学生为主体"。项目式教学是在学生形成化学观念和养成科学思维之后进行的探究活动，在学习完氧气和二氧化碳的实验室制取方法后开展"基于特定需求设计和制作简易供氧器"项目；在学习完溶液的相关基础知识后开展"海洋资源的综合利用与制盐"项目；在学习完酸碱盐相关基础知识后开展"粗盐（含有沙子、氯化镁、氯化钙等杂质）提炼为精盐"项目或"氢氧化钠变质情况的定性与定量探究"项目。

问17：第8、9章能否提前教学？能否简单处理？

答17：第8、9章的主要内容是化学与社会·跨学科实践：化学与可持续发展；化学与资源、能源、材料、环境、健康；化学、技术、工程融合解决跨学科问题的思路与方法；应对未来不确定性挑战；跨学科实践活动。

学业要求：能列举生活中常见的能源和资源、金属材料和有机合成材料及其应用；能举例说明化学在保护环境、维护人体健康等方面的作用，具有安全用药的意识；能从物质的组成及变化视角，分析和讨论资源综合利用、材料选取与使用、生态环境保护等有关问题；在跨学科实践活动中，能综合运用化学、技术、工程及跨学科知识，秉承可持续发展观，设计、评估解决实际问题的方案，制作项目作品，并进行改进和优化，体现创新意识；在跨学科实践活动中，具有恪守科学伦理和遵守法律法规的意识；能积极参与小组合作，勇于批判、质疑，自觉反思，能克服困难，敢于面对陌生的、不确定性的挑战；能积极参加与化学有关的社会热点问题的讨论并做出合理的价值判断；初步形成节能低碳、节约资源、保护环境的态度和健康的生活方式。

设计跨学科实践活动，注重将问题解决线、知识逻辑线、素养发展线紧密结合，让学生经历自主思考，合作探究，深度互动、交流、总结、反思等完整的问题解决过程，实现深度学习，提升解决真实问题的能力，促进学生核心素养的融合发展。跨学科实践活动的开展应与"物质的性质与应用""物质的组成与结构""物质的化学变化""科学探究与化学实验"等学习主题中的核心知识、学生必做实验的教学密切结合，充分发挥跨学科实践活动对课程内容和教学实施的整合功能。因此，第8、9章不能提前进行教学，更不能简单处理。

教学反思将学会教学与学会学习结合起来，努力提高教学实践合理性，是提高教学效益的保证。教学反思是教师专业发展和自我成长的核心因素。反思

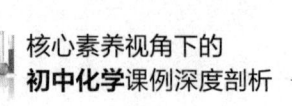

的本质是一种理解与实践之间的对话，又是理想自我与现实自我的心灵上的沟通，反思不是一般意义上的回顾，而是反省、思考、探索，解决教育教学进程中各个方面存在的问题，如果让教学反思成为一种自觉行为，不仅可以保证提高课堂教学效益，而且还可以提高教师自身素质，真正实现"教学相长"。

上好第一堂课 人生只如初见

初三学生刚刚接触化学学科及化学老师，学生心中会有很多的疑问：化学是什么？化学的学习难度多大？化学的学习方法是什么？化学老师会如何看待学困生？……这些都是学生心里存在的疑问。对于学生的这些疑问，我们有必要在第一堂课与学生讲清楚，也就是要在第一堂课树立起化学老师的好形象，这就是首因效应。

笔者在西南大学张军教授的专著《促进学生思维发展的化学教学》一书中了解了首因效应，才意识到应充分重视该心理效应带来的影响，合理利用其优势，回避和消除其负面作用。首因效应由美国心理学家洛钦斯首先提出的，也叫首次效应、优先效应或第一印象效应，指交往双方形成的第一次印象对今后交往关系的影响，也即是"先入为主"带来的效果。虽然这些第一印象并非总是正确的，但却是最鲜明、最牢固的，并且决定着以后双方交往的进程。如果一个人在初次见面时给人留下良好的印象，那么人们就愿意和他接近，彼此也能较快地取得相互了解，并会影响人们对他以后一系列行为和表现的解释。反之，对于一个初次见面就引起对方反感的人，即使由于各种原因难以避免与之接触，人们也会对之很冷淡，在极端的情况下，甚至会在心理上和实际行为中与之产生对抗状态。

重视化学第一堂课，建立起化学老师与学生之间的良好关系。第一堂化学课应做好以下几个方面的工作。

一、明确课堂要求

首因效应是教育心理学最为古老的发现之一，当我们学完一系列词汇后马上加以测验，开始的几个词一般要比中间的词记忆效果好得多。人们倾向于记住开始的事情，其原因可能是我们对首先呈现的项目倾注了更多的注意和心理努力。德国心理学家哈尔门·艾宾浩斯在《论记忆》一书中谈道："保持和复现，在很大程度上依赖于有关的心理活动第一次出现时注意和兴趣的强度。在第一次生动鲜明的经验之后，被烫伤过的孩子就知道避火，挨了鞭打的狗见了鞭子就会逃。"在我国，流行"先入为主"的说法，如对一个人的最初印象，往往是很难改变的，对于一开始学习时就写错或念错的字，以后也会很容易写错或念错。这些都是首因效应的具体表现。按照建构主义的观点，学习是一个联系的过程。任何学习都是在已经具有的知识、经验和认知结构，已获得的动作技能，已经习得的态度等基础上进行的。

第一堂化学课应与学生明确学习要求：上课必须认真听讲，不能睡觉。教师要明确指出在化学课堂上不能睡觉。不要小看这点小小的要求，很多学习自律性不足的孩子却不易做到。他们在课堂上很容易走神甚至直接趴着睡觉，已经对学习产生很大程度的厌倦。这部分学生最大的问题是对学习丧失了希望，根本看不上在初三学年才开设的化学学科。但在第一堂化学课，这些学生还是对化学学科保持着一定的兴趣，还是对化学学科保持一定的好奇心，憧憬在化学学科中找到一点点学习的希望。在化学第一堂课上，老师要好好利用这部分学生心中一点点的兴趣和好奇，抓住机会让他们知道课堂上一旦睡觉，将无法学习知识，无法做笔记，肯定没办法学好化学。我们可以跟学生"约法三章"：一旦学生睡觉，必须允许教师叫醒，且不能引起冲突。这样教师就能不厌其烦地叫醒趴着睡觉的学生，然后让其认真记笔记。这样的课堂要求教师上课时必须时时关注全部学生的上课状态。

第一堂化学课上教师应明确表达对优秀学生和学困生的态度，明确地告诉学生没有去听取其他老师（或班主任）对班级学生的评价，也没有去咨询学生其他学科的学习成绩，明确地让学生知道在化学老师心中每个学生都是一张白纸，都是一个优秀的热爱学习的孩子。你只要在课堂上认真听讲，认真做笔记，课外独立完成作业，那么你就有机会成为化学学霸。如果学生从一开始就从心里接纳化学老师，也就会真正地喜欢化学学科，最终将以最大的努力学习化学学科。

二、认真记录笔记

认真详细记录好课堂上的笔记。这一点看似对学生的要求是比较简单的，但即使坚持一个月对部分学习自律性差的学生而言都是不容易的。课堂上学生记录笔记，才会专注于听讲，才不会走神甚至趴着睡觉。课堂需要记录的笔记，不是教师课件中的PPT页面。如果学生直接照着PPT抄下来写在笔记本上，这样地记录笔记其学习效果很差，容易引起学生的厌倦。课堂笔记的最佳模式是教师先与学生对问题进行分析解决，得出相应的方案或结论，然后在PPT中逐步地呈现出分析过程、方案和结论，学生记录笔记的过程相当于重温一次问题的解决过程，将课堂笔记和思维培养紧密结合起来；也可以将PPT省略，就由教师口头上一点点慢慢讲述和必要的板书，学生通过听、看和思考后记录下笔记。比如讲解复分解反应的特点或书写化学方程时，PPT模仿板书逐步产生的视觉效果：AB+CD——→B与D相互交换后→AB+CD—AD+CB。这样的笔记对学生学习的帮助作用最大。

课堂笔记直接记录于教材中相应的位置。这样做的好处是：提高课堂效率；将更多课堂时间用于思考、分析问题；充分利用教材已经有的素材和情境；便于复习和检查笔记等。学生课堂笔记如图1所示。

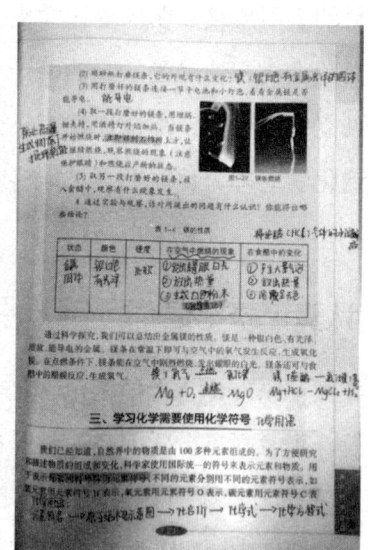

图1　学生课堂笔记范例

笔记直接记录在教材上，可以利用教材中的知识构架和图表等内容，学生只需在旁边加以注解说明，能大大提高课堂的学习效率。让学生将笔记写在教材中规定的位置上，便于教师检查，也便于课堂上观察学生是否有做笔记。

课堂上教师应该主动去关注每个孩子的学习状态，在学生做笔记的过程当中，教师要走下讲台，走到学生当中去，边走边念笔记，边走边观察学生是否记录笔记和其精神状态。这样做最主要的目的是让每个学生都能感受到化学教师每一堂课每时每刻都在关注他。孩子们受到了教师关注，会更加努力地学习化学学科。

三、重视化学小测

遗忘是指识记过的材料不能回忆和再认，或者回忆和再认有错误的现象。按照信息加工的观点，遗忘过程在记忆的不同阶段都存在。遗忘基本上是一种正常、合理的心理现象。因为感知过的事物没有全部记忆的必要；识记材料的重要性具有时效性；遗忘是人心理健康和正常生活所必需的。

遗忘虽是一种复杂的心理现象，但其发生发展也是有一定规律的。德国心理学家艾宾浩斯最早进行了这方面的研究。他用无意义音节为实验材料，以自己为实验对象，在识记材料后，每隔一段时间重新学习，以重学时所节省时间和次数为指标。他绘制出遗忘曲线如图2所示。遗忘曲线所反映的是遗忘变量和时间变量之间的关系。该曲线表明了遗忘的规律：遗忘的进程是不均衡的，在识记之后最初一段时间里遗忘量比较大，以后逐渐减小，即遗忘的速度是先快后慢。继艾宾浩斯之后，许多人对遗忘进程的研究也都证实了艾宾浩斯遗忘曲线基本上是正确的。

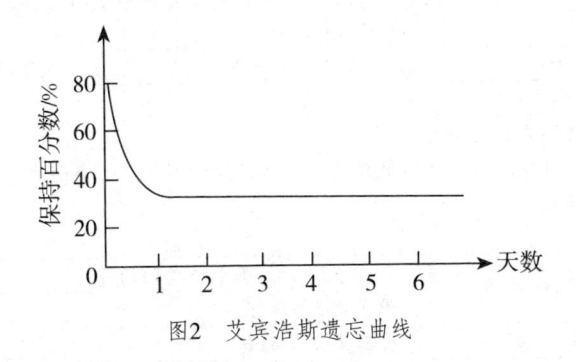

图2 艾宾浩斯遗忘曲线

学生对知识的掌握是一个不断地循环往复的过程。学生在课堂上听懂并记住的知识点，很容易遗忘，必须在下一次课堂进行一次小测。小测的内容刚开始不宜难度太大，在第一堂化学课与孩子约定：如果一堂课能够记住5个小知识点，那么下次小测将取得优秀的成绩，甚至能拿到久违的100分。课堂小测的知识点小到什么程度，比如记住氧气的化学式为O_2、氧气的密度比空气略大或氧气不易溶于水等3个知识点。如果学生一节课可以学习5~10个知识点，一个星期按5节课计算，一学期按20个星期计算，那么一学期可以学习掌握约700个知识点，坚持下来就是一个巨大的进步。

化学小测要设置成百分制，若小测为20个空的填空题，那么每一个空为5分；若小测为10个空的填空题，那么每一个空为10分。通过小测分数，教师和学生会对化学学习情况有一个精确定位。一般小测成绩达到80分及以上的孩子，基本掌握应该掌握的知识点；而80分以下的孩子又分为几种情况：70分段一般是不细心；60分段一般是没有复习；60分以下基本是学习态度存在问题。

根据学生小测情况安排对应的课后学习指导，70分段和60分段的同学经过复习补测基本都能考到100分，而60分以下的同学应该适当降低小测要求，通过复习补考达到80分即可。

笔者经过多年的教学沉淀和积累，整理形成了系统的课堂测试试题，成为化学课堂不可或缺的一部分。"化学好卷之小测卷"的部分内容如图3所示。

第2节 组成物质的化学元素

1. 具有相同_____的一类原子总称为元素。元素的种类是由原子的_____决定的。
2. "O"可以表示_____，也可以表示一个_____。
   "Cu"可以表示_____，也可以表示一个_____，还可以表示一个_____。
   "2H"表示_____。
3. 先写出物质的化学式，再分类。
   ①糖水 ②水 ③锰酸钾 ④四氧化三铁 ⑤纯净的空气 ⑥氯酸钾 ⑦铁 ⑧氯化钠 ⑨液氮

   属于混合物的是_____（填序号，下同）；属于纯净物的是_____；
   属于单质的是_____；属于化合物的是_____；
   属于氧化物的是_____；含有氧分子的是_____。
4. 地壳中含量居前五位的元素分别是_____、_____、_____、_____、_____。
5. 缺_____易得佝偻病；缺_____会得侏儒症；缺_____易得贫血症；缺_____会得甲状腺疾病。

第3节 物质组成的表示

1. $HClO_3$ 中 Cl 的化合价为_____价；氧气（O_2）中氧元素的化合价为_____价。
2. 写出下列物质的化学式。
   铁_____ 锌_____ 氦气_____
   硫_____ 磷_____ 氮气_____
   氧化铜_____ 氧化钠_____ 三氧化硫_____
   氧化铝_____ 硫酸_____ 碳酸_____
   氢氧化铝_____ 氢氧化钠_____ 硝酸铜_____
   碳酸铵_____ 硫酸钠_____ 氯化亚铁_____
3. 水由_____组成；水由_____构成；水分子由_____构成；1个水分子由_____构成。
4. 判断下列化学符号中数字"3"的意义，将其序号填在相应的横线上。
   ①$3Na^+$ ②NH_3 ③$3NO$ ④$H\overset{+3}{N}O_2$ ⑤PO_4^{3-}

   （1）表示分子个数的是_____。（2）表示一个离子所带电荷数的是_____。
   （3）表示化合价的是_____。（4）表示离子个数的是_____。
   （5）表示一个分子中所含原子个数的是_____。

5. $M_r[CO(NH_2)_2] = $ _____ = _____。
$CO(NH_2)_2$中C、O、N、H元素的原子个数比=_____。
$CO(NH_2)_2$中C、O、N、H元素的质量比=_____=_____。
$CO(NH_2)_2$中氮元素的质量分数=_____=_____。
120克尿素$[CO(NH_2)_2]$中含氮元素的质量为多少克？

图3 "化学好卷之小测卷"范例

化学小测与课堂教学同步，每一课时设计10道左右的小测试题，有时也需灵活处理，主要目的是检测上节课的学习情况和为新的一堂课服务。"化学好卷之小测卷"在开学初就印刷出来，分发给学生，便于学生课后复习，帮助学生在小测中取得好的成绩，提高学生学好化学的信心，增强学生学习化学的兴趣。部分学生小测情况如图4所示。

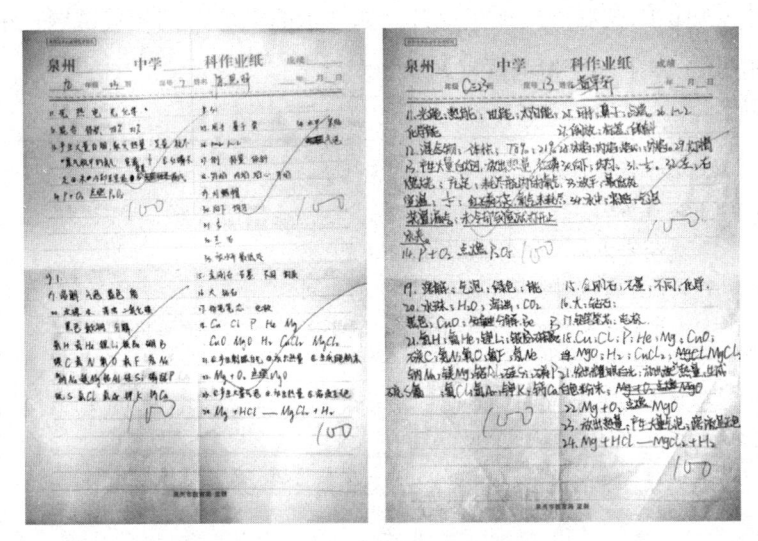

图4 学生"化学小测"范例

四、独立完成作业

通过学生独立完成作业情况，能反映出学生对知识的理解和掌握程度。部分学生之所以学习成绩不好，其主要原因在于没有养成独立完成作业的学习习惯。笔者通过对某班学生开展问卷调查："课后作业独立完成量占课后作业总量的比例",发现班级中能独立完成全部作业的学生只有三分之一左右,很大一部分学生的作业是抄其他同学的答案、查作业软件或者随便乱写,甚至不做。这些行为实际上是在浪费时间,学生在抄作业或查作业软件时,只会盯着答案,把答案写在空格上,根本没有去关注试题的背景和相关条件。长期不独立完成作业最终将发展到什么试题都不会做。

作业量的控制也是一大学问,教师在设置习题时,要进行深入的教学研究。对于简单的知识点,命制一至两题就够了;而对于一些重要的知识点,应不断地改变试题背景和问题的切入点,进行必要的强化巩固。从不同角度去考查同一个知识点,创新试题背景,这样的试题更能检测出学生对知识点的掌握和应用情况。试题的编制与讲解也是课例研究对象,试题的编制应关注学生的学习进度,从单元测试、阶段测试、学期测试到中考模拟测试或练习,其试题的综合性及知识的关联度应逐步提升。如"水的电解"的相关试题:单元测试试题(如图5);中考模拟测试试题(如图6)。

12. (14分)电解水的简易装置如下图所示:
(1) 电源应为_____(填"直流电"或"交流电"),A为_____极,事先向水中加入少量稀硫酸的目的是_____。
(2) C试管中收集到的气体是_____,可以用_____检验;D试管中收集到的气体是_____,其具有_____性(化学性质)。C、D两种气体的体积比约为_____。
(3) 根据上述实验事实可以得出:水是由_____和_____组成的。
(4) 电解水的化学式表达式为_____,该反应的基本类型属于_____反应(填"化合"或"分解")。

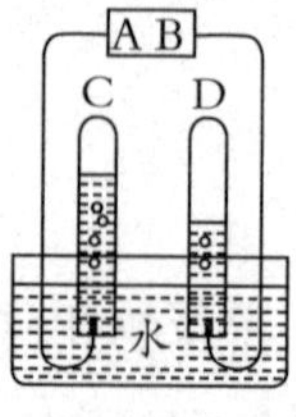

图5 "水的电解"单元测试题范例

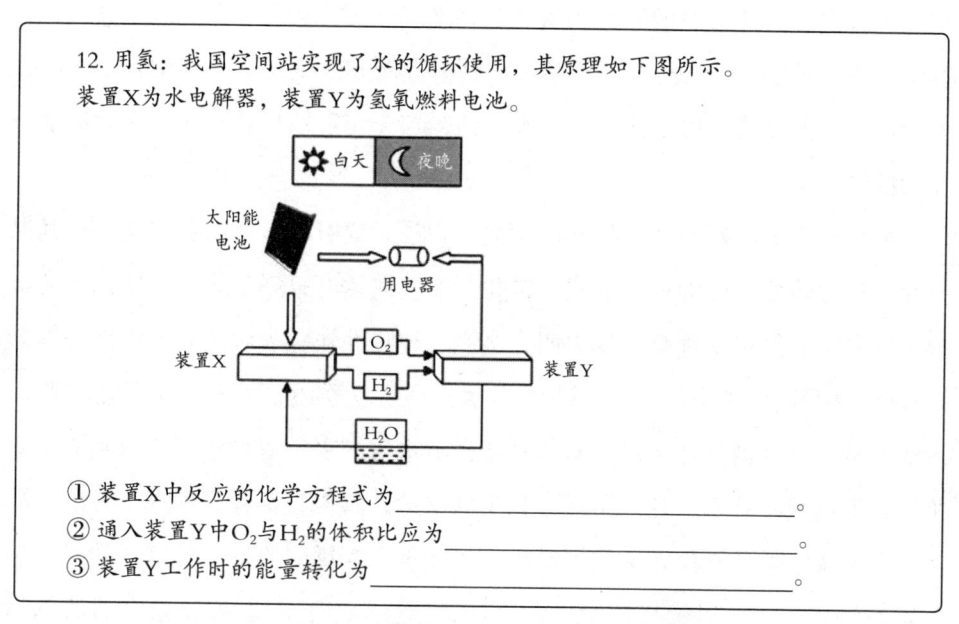

12. 用氢：我国空间站实现了水的循环使用，其原理如下图所示。
装置X为水电解器，装置Y为氢氧燃料电池。

① 装置X中反应的化学方程式为_____。
② 通入装置Y中O_2与H_2的体积比应为_____。
③ 装置Y工作时的能量转化为_____。

图6 "水的电解"中考模拟测试题范例

五、坚持实现梦想

学习过程中，不能半途而废，而是需要坚持不懈地刻苦钻研。要与孩子们一起分析整个学习历程；从最开始对学习充满憧憬和希望，一路走来，发展到现如今部分孩子成为所谓的学困生。思考：其原因是什么？学习的困难期出现在什么时候？有没有坚持努力学习？从什么时候放弃了学习？化学学科的学习与其他学科一样也会出现学习困难期，也同样需要坚持才能取得化学学习的成功。

化学学习过程中会遇到的学习节点有：元素符号、化合价、化学式等化学用语的理解与掌握；物质构成的奥秘，从微观的角度去认识物质，认识原子、分子和离子；化学方程式的书写、意义和相关计算；金属一类物质的性质相似性、差异性和递变性；溶液溶质质量分数，溶解度曲线的意义；酸碱盐之间的相互关系及反应情况；化学与生活、环境、能源、材料和生命之间的关系等。实际上每一章都存在学习障碍点，教学过程如何去突破难点，如何要求学生坚持呢？首先，教师必须做好课例研究，将难点分散，然后各个突破；其次，在教学过程中教师要坚持进行教学研究、课程改革和改变理念。利用好学生刚开始学习化学的热情，可以让学生一天记住3至5个元素符号及元素，为后期学习作为铺垫。

要想让学生学好化学，就在课堂教学中注意吸引住学生。吸引学生让其保持化学学习热情，好的教学形式首推化学实验演示。第一堂化学课所选择的实验应该具备：简单易理解；现象明显刺激；趣味性强；为后续学习做准备等。选择碳酸钠溶液、酚酞试液、稀盐酸和氯化钙溶液等4种无色溶液来演示实验，现象非常明显且趣味性十足。有教师选择清水变汽水、清水变葡萄酒和清水变牛奶，但这组实验不适合在第一堂化学课演示，因为其实验原理过于复杂，学生需在掌握大量酸碱盐相关知识基础上才能理解其反应原理，做这样的实验起不到教学目的。可以选择演示实验"镁条的燃烧"：打磨掉镁条表面的氧化层，用手撕开镁条，用坩埚钳夹持镁条，用酒精灯外焰点燃镁条，镁条燃烧发出耀眼的白光，生成白色粉末等。这个实验会让孩子们想到小时候放的仙女棒，然后以一句"燃放仙女棒不一定是仙女"将这个实验推向顶峰。还可以选择演示实验"烧不坏的滤纸"：将滤纸撕开，一半直接放于酒精灯外焰点燃，另一半放入神奇的溶液（质量比3∶1的酒精和水）浸泡；取出用坩埚钳夹持，放于酒精灯外焰点燃，产生很大的火焰但滤纸完好无损。学生对燃烧现象非常熟悉，但也害怕燃烧，做完这个实验后就可以与学生一起深入研究学习燃烧的条件，从而真正理解、应用燃烧。解释滤纸烧不坏的原因：虽然滤纸是可燃物，且酒精燃烧放出热量，但由于滤纸吸收了水，水受热后蒸发吸收了热量，使得滤纸的温度达不到滤纸燃烧所需的最低温度（着火点），因此，滤纸没有燃烧。这样的演示实验既为后面的学习做铺垫，又引导学生如何观察实验现象，教会学生如何分析实验现象从而得到实验结论。

化学用语的基础是元素符号和元素名称。元素符号的书写对于后面化学用语的学习是起点，学生在学习过程中受各种因素的影响导致元素符号书写不规范。元素符号是拉丁文而不是英文字母，但书写上与英文字母无异。平时教学过程中教师应以身作则，规范元素符号的书写。可以引导学生利用英语的四线格来规范书写，养成书写习惯。教师可以自己用四线格书写一遍常见的元素符号，然后贴在学习栏让学生模仿。元素名称对于化学用语的学习也是至关重要的，如氢，最轻的元素，气态物质等；汞，液态金属元素；碳，固态非金属元素，从元素名称的偏旁可以知道其属于金属元素还是非金属元素。为了强化元素名称的学习，可以设置猜谜语：石头边站六十天（硼）；石阻水断流（硫）；金库失窃（铁）等。

　　上好化学第一堂课，并建立起良好的师生关系。如果学生以第一次化学课的精神状态上好今后每一节化学课，那么定将取得巨大的进步和成功。课堂若只如初见，何愁化学不优秀。

第三篇 实验创新感受化学魅力

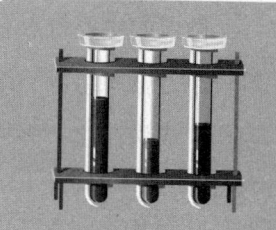

初中化学"另类"实验微课的开发与应用

一、课题的核心概念及其界定

"另类"指与其他大众都不一样的行为、举止等,近义词有个性、与众不同、创意、特别、特殊、不同寻常等。

微课(microlecture)指运用信息技术按照认知规律,呈现碎片化学习内容、过程及扩展素材的结构化数字资源。

微课的核心组成是课堂教学视频(课例片段),同时还包含与该教学主题相关的教学设计、素材课件、教学反思、练习测试及学生反馈、教师点评等辅助性教学资源,它们以一定的组织关系和呈现方式共同"营造"了一个半结构化、主题式的资源单元。

微课的主要特点有:教学时间较短(5~8分钟);教学内容较少;资源容量较小;资源组成、结构"情景化";主题突出、内容具体;草根研究、趣味创作;成果简化、多样传播(网上视频、微博讨论、微信公众号传播);反馈及时、针对性强。

化学实验微课包括了实验教学设计、课件、实验视频、教学反思等各种资源,这些资源共同组成了一个多样化和紧凑的主题资源包。它营造了一个"微教学资源",与课堂教学紧密结合,突出教学目标,促进师生互动,从而提高课堂教学的有效性,促进化学学科素养的形成。

"另类"实验微课是初中化学实验微课的有机组成部分,可以让学生在全面了解错误操作的危险性的前提下准确掌握实验技能,为学生解析难度较大的实验探究题提供真实的实验情境及解题策略，填补常见初中化学实验微课的空白，是发展和提升学生学科核心素养的必要教学策略。

二、国内外同一研究领域的现状与研究的价值

国内外有大量的初中化学实验微课，包括学生分组实验、教师演示实验、兴趣实验、仿真实验、创新实验、特殊实验（初中化学实验室无法完成的实验）等。大部分实验微课的开发者不一定能从初中生的学习视角和初中化学实验教学的实际需求角度，考虑实验微课的有效性和实用性。

实际教学中缺少的"另类"实验微课主要有：由错误操作引起实验失败或造成危险的实验微课；针对实际教学过程中学习难点的实验微课；针对化学试题特别是实验探究题的实验微课。

研究价值有：让学生在真实的实验情境中感受错误操作所造成的不良后果；减少仪器和药品的消耗；提升学生实验操作的安全系数、准确性和成功率；提升学生对实验条件的认识和操控能力；让学生在真实的实验情境中进行实验探究，提升学生实验探究能力、科学态度和创新意识等化学学科核心素养；提升教师教育教学能力和水平、对实验教学的定位和研究能力；提升教师对于实验试题的解析和命制能力；形成全面完整的化学实验微课资源库。

三、研究的目标、内容与重点

形成适用于初中化学深度教学的"另类"实验微课：实验基本操作常见错误及其后果；气体实验室制法中常见错误及其后果；微粒性质实验的改进；燃烧与灭火拓展性实验；金属部分化学性质的拓展性实验；溶液相关实验的补充和拓展；过滤常见错误及其后果；酸碱盐等物质的鉴别、除杂、分离、提纯的拓展性实验；蛋白质的盐析与变性的区别实验；聚乙烯与聚氯乙烯的区别实验；中考试题实验探究题涉及的实验微课（催化剂、反应速率影响因素、定性定量探究）。

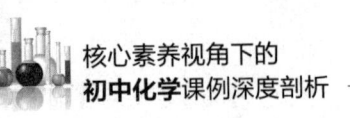

四、研究的思路、过程与方法

"另类"实验微课的开发和应用的基础是：教师对初中化学实验的全面掌握和理解；对初中生的实验能力和生活经验的深入了解；对实验教学的热爱和对学生的责任；培养学生学科核心素养的教学初衷。

通过文献研究法、问卷调查法、访谈法、比较分析法，掌握实验微课在初中化学课堂教学中的应用现状；经过长期的教学实践，探索实验微课的多种类型及运用环节的教学策略；通过课例分析、教学效果评价，总结出实际教学中需要实验微课的教学内容，得出在教学过程中"另类"实验微课的应用价值和前景。

基于核心素养的"深度教学"应该是基于价值引领的教学，基于真实情境的教学，基于高质量问题的教学，基于学科内和学科间的整合性教学，基于思辨的教学，基于微探究的研究性教学。核心素养离不开知识，但单纯的知识不等于素养。只有将知识与技能应用于解决复杂问题和处理不可预测情境所形成的能力和道德才是核心素养。基于核心素养的教学强调让学生在真实情境中，通过自主学习、协作学习和研究性学习，主动进行意义建构。如果用一句话来概括基于核心素养的教学的基本特征，那就是真实情境下的问题解决，强调知识的迁移和运用。学生要在一定的真实情境中形成概念，并将在前一个情境中学习的内容迁移应用于新的情境中，即情境—知识—情境。如此形成的知识是可迁移的，包括学科内容的知识和为何、何时、如何用这些知识来解决问题。

五、主要观点与创新之处

（一）错误操作的实验微课

在讲解错误操作所引起的严重后果时，我们经常只是纸上谈兵，缺乏真实的实验情境，无法从视觉上真正引起学生的重视，因此，有部分学生在进行分组实验时经常错误百出，存在巨大的安全隐患。虽然可以让学生利用仿真实验进行模拟，但毕竟是仿真的实验，学生还是会存在一定的侥幸心理而忽略危险的发生。

这类视频通过教师对错误操作的演示及讲解其错误的原因和如何避免错误，让学生学会处理由于错误操作引起的危险和了解严重后果。

（二）针对化学试题特别是实验探究题的实验微课

中考复习阶段，实验探究题层出不穷，教师经常只是从试题中分析解题策略，往往无法真正进行实验探究，导致学生无法真正理解实验目的、实验操作、实验注意事项、实验现象与结论的关系，以及实验异常、实验误差的原因和解决的方案。这样的教学无法真正培养具备化学学科核心素养的中学生。

解答实验探究题时学生存在的问题有：无法切题；答非所问；储备的知识不足；计算原理不清，不会算；一些操作和原因无法想到等。学生缺乏作为一个"探究者"的真实经历，不能从一个"探究者"的视角去思考试题。

实验微课为学生创设了真实的实验情境。通过实验微课，可以让学生理解错误实验操作的后果和原因并学会正确实验操作。通过真实的探究实验微课，可以让学生通过探究解决实际问题并成长为真正的实验探究者。

六、实验微课的开发成果

将录制的实验视频制作成实验微课，通过微信公众号或其他平台向广大同行推广及共享资源。现将笔者开发的实验微课呈现如下，供大家参考借鉴。

（一）探究装置能否控制反应的发生与停止

实验目的：探究此装置能否控制反应的发生与停止。

实验装置与药品：锥形瓶、橡皮管、长颈漏斗、橡皮塞、止水夹、烧杯、导管、石灰石、稀盐酸。实验装置见图1。

图1 探究装置能否控制反应的发生与停止实验

实验操作：将稀盐酸从长颈漏斗倒入装有石灰石的锥形瓶中，在反应进行过程中关闭止水夹，观察现象。

实验现象：长颈漏斗中的液面上升，但锥形瓶中的反应仍然在继续，无法使得固体与液体分开。

实验结论：此装置无法控制反应的发生与停止。

注意事项：保证实验装置气密性良好。

（二）多功能瓶如何收集二氧化碳

实验目的：利用对比法探究得出多功能瓶收集二氧化碳的方法。

实验装置：实验室制取二氧化碳装置、橡皮管、三通管、两个多功能瓶、燃烧的木条。具体装置如图2所示。

图2 多功能瓶如何收集二氧化碳气体实验

实验操作：将制取产生的二氧化碳气体通过三通管同时通入两个多功能瓶中，一个从长导管进气，另一个从短导管进气。同时，将燃烧的木条放于出气导管口，观察二氧化碳是否收集满且对比收集满二氧化碳的速度快慢。

实验现象：从长导管进气的多功能瓶能快速收集满二氧化碳，燃着的木条熄灭。

实验结论：利用多功能瓶收集二氧化碳，应从长导管进气方能快速排净瓶内空气而集满；若从短导管进气无法将瓶内空气排出，不能用于收集二氧化碳。用多功能瓶收集二氧化碳时应从长导管进气。

注意事项：及时并同时用燃烧的木条验证二氧化碳是否收集满。

（三）检查装置气密性：加水再夹止水夹再加水或先夹止水夹再加水

实验目的：探究检查装置气密性的方法。

实验装置：锥形瓶、橡皮管、长颈漏斗、橡皮塞、止水夹、烧杯。

实验操作：第一种方法是先加水至长颈漏斗下端管口形成液封，再关闭止水夹，再继续往长颈漏斗中加水［如图3中（1）所示］；第二种方法是先关闭止水夹，再往长颈漏斗中加水［如图3中（2）所示］。

实验现象：第一种实验能观察到长颈漏斗中形成一段稳定的水柱；第二种实验发现加入少量水后，长颈漏斗中的水就不再滴入锥形瓶中，甚至长颈漏斗的下方管中是充满空气而不是水，好像是锥形瓶中的空气托住长颈漏斗中的水。

（1）

（2）

图3　检查装置的气密性实验

实验结论：上述两种方案均能证明装置气密性良好。教学过程中不必纠结于是否先关闭止水夹，而是要记得关闭止水夹。

（四）利用注射器检查装置气密性

实验目的：验证利用注射器检查装置气密性时的现象。

实验装置：注射器、锥形瓶、橡皮管、长颈漏斗、橡皮塞、烧杯。

实验操作：加水至没过长颈漏斗下端管口形成液封，连接注射器，再分别推、拉注射器的活塞，观察实验现象。

实验现象：推注射器活塞时，长颈漏斗中形成一段稳定的水柱；拉注射器活塞时，长颈漏斗的下端管口有气泡冒出。如图4所示。

图4　推、拉注射器活塞检查装置气密性实验

实验结论：当推注射器活塞时，长颈漏斗中形成一段稳定的水柱，证明装置气密性良好；拉注射器活塞时，长颈漏斗的末端管口有气泡冒出，也证明装置气密性良好。

（五）块状、粉末状大理石与稀硫酸反应情况

实验目的：对比探究块状、粉末状大理石与稀硫酸的反应情况。

实验装置：2支试管、2个量筒、试管架。

实验操作：分别将质量相同的块状大理石、粉末状大理石装入试管中，再同时将相同浓度、相同体积的稀硫酸分别倒入2支试管中，观察现象。

实验现象：粉末状大理石与稀硫酸反应的速率明显快于块状大理石；但块状大理石并不是不能与稀硫酸反应，也不是刚开始有反应然后一段时间后反应停止，而是持续慢慢地反应。如图5所示。

图5　块状、粉末状大理石与稀硫酸反应实验

实验结论：其他条件相同时，反应物的表面积越大（颗粒越小），反应速率越快；稀硫酸与块状大理石反应会生成微溶的硫酸钙附着在大理石表面，阻碍（而不是阻止）反应的进行。

（六）镁条在二氧化碳气体中燃烧

实验目的：验证镁能与二氧化碳反应的化学性质，说明燃烧不一定需要氧气。

实验装置与药品：集气瓶、坩埚钳、一瓶二氧化碳、镁条、酒精灯。

实验操作：收集一瓶二氧化碳气体备用；点燃镁条，将其放入装满二氧化碳的集气瓶中，观察现象。如图6所示。

图6　镁条在二氧化碳气体中燃烧实验

实验现象：镁条剧烈燃烧，发出耀眼白光，有大量白烟产生，放出大量的热，瓶壁上生成白色固体和黑色固体。

实验结论：燃烧不一定需要氧气。

注意事项：镁条要用砂纸打磨除去表面氧化层。

（七）烧杯中高低蜡烛的熄灭顺序

实验目的：探究封闭环境中高低蜡烛熄灭顺序，从而引出火灾逃生的正确方法。

实验装置与药品：大烧杯、高低不同的蜡烛、金属盖或硬纸片。

实验操作：点燃烧杯中固定好的高低蜡烛，用金属盖盖住烧杯，观察现象。

实验现象：高蜡烛先熄灭，低蜡烛后熄灭，如图7所示。

图7　烧杯中高低蜡烛的熄灭实验

实验结论：生成的二氧化碳气体随着燃烧产生的热气流向上聚集，高处二氧化碳含量多，氧气含量少，所以高的蜡烛先熄灭。

火灾逃生的正确方法：用湿毛巾捂住口鼻，匍匐前行。

（八）白磷在水中燃烧

实验目的：探究白磷在水中燃烧的条件。

实验装置与药品：500 mL烧杯、20 mm×200 mm试管、一小块白磷、200 mL开水。

实验操作：往烧杯中加入约200 mL热水（80℃以上），放入一小块白磷，再将充满空气的大试管伸入热水中，将白磷罩在试管口，观察现象。

实验现象：热水中的白磷剧烈燃烧，如图8所示。

图8　白磷在水中燃烧实验

实验结论：只要满足燃烧的3个条件，白磷就能燃烧。

注意事项：水温在80 ℃左右，烧杯用500 mL，热水大约200 mL，试管高度要大于烧杯便于操作。白磷受热会熔化，因此将白磷放入热水后应及时将大试管伸入水中进行实验。

（九）白磷燃烧前后质量变化情况

实验目的：通过观察白磷在锥形瓶（密闭容器）中燃烧反应前后的质量变化情况，验证质量守恒定律。

实验装置与药品：锥形瓶、带直导管的橡皮塞、小气球、电子天平、一小块白磷。

实验操作：在锥形瓶瓶底放一些细沙，在细沙上放白磷，塞紧带气球的橡皮塞，将实验装置放在电子天平上。观察现象。

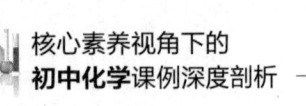

实验现象：锥形瓶中的白磷缓慢氧化放热然后剧烈燃烧，生成大量白烟，燃烧前后实验装置整体质量保持不变。如图9所示。

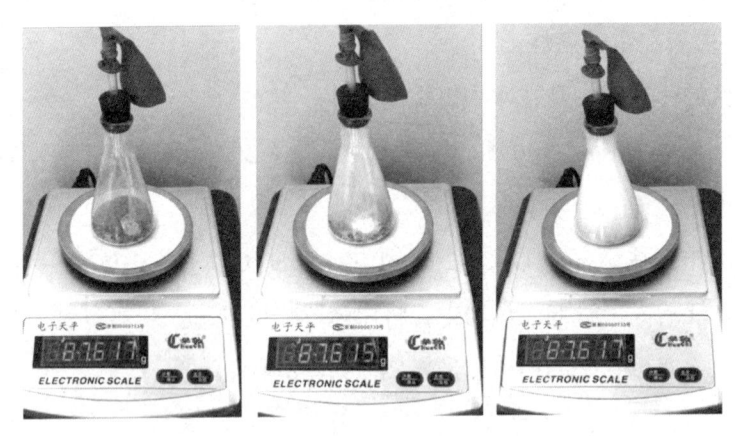

图9　白磷燃烧前后质量变化验证实验

实验结论：白磷燃烧遵守质量守恒定律。

注意事项：保证实验装置气密性良好；气球的主要作用是缓冲白磷燃烧放热导致瓶内压强增大；锥形瓶底部要放细沙，避免燃烧放热使锥形瓶破裂。

（十）验证质量守恒定律：大理石与稀盐酸在矿泉水瓶中反应

实验目的：通过观察大理石与稀盐酸反应前后的质量变化情况，验证质量守恒定律。

实验装置与药品：小试管、350 mL矿泉水瓶、石灰石、稀盐酸、电子天平。

实验操作：将适量的石灰石放于矿泉水瓶中，取1支装有三分之二稀盐酸的小试管小心地放入瓶中，注意不要让稀盐酸溢出试管，旋紧瓶盖后放于电子天平上。倾斜矿泉水瓶，使小试管中的稀盐酸全部流出，与大理石接触。观察现象。

实验现象：大理石表面产生大量气泡，装置反应前后整体质量不变。如图10所示。

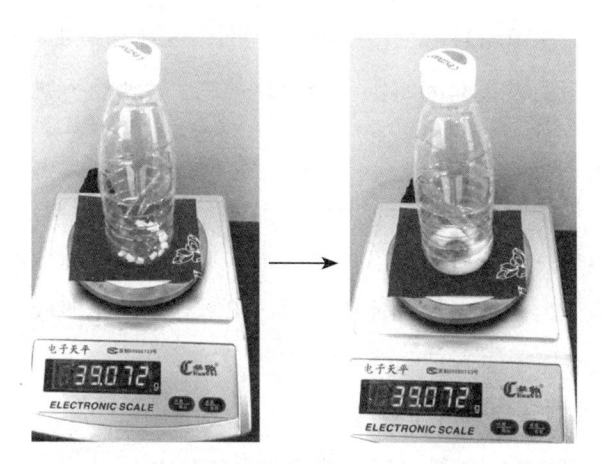

图10 石灰石与稀盐酸反应前后质量变化验证实验

实验结论：在密闭空间内，大理石与稀盐酸反应遵守质量守恒定律。

实验反思：该实验结束后，可以补充一个实验，让学生打开矿泉水瓶瓶盖，然后再进行称量，能明显感知到由于二氧化碳气体逸出矿泉水瓶而导致质量减小。

（十一）铜丝圈熄灭烛焰

实验目的：探究铜丝圈熄灭烛焰的原理。

实验装置与药品：铜丝圈、蜡烛。

实验操作：将铜丝圈覆盖住烛焰，刚开始时盖住烛焰3秒左右再移开，反复3次，最后再较长时间盖住烛焰。观察现象。

（1） （2） （3） （4）

图11 铜丝圈熄灭烛焰实验

实验现象：盖住烛焰3秒左右再移开铜丝圈，可观察到烛焰并没有熄灭，但产生大量白烟；最后较长时间将铜丝圈盖住烛焰，可观察到烛焰熄灭。如图11所示。

实验结论：铜丝圈吸收了烛焰的热量，使烛焰温度降到着火点以下，故烛焰熄灭。实验过程中烛焰没有熄灭而是产生大量白烟更能说明铜丝圈吸收了热量，使得石蜡蒸气凝华成石蜡固体小颗粒，也解释了灭火时应该将可燃物的温度降低至其着火点以下而不是仅仅降低温度。

（十二）冷却硝酸钾热饱和溶液

实验目的：观察冷却结晶过程，感受化学实验之美。

实验装置与药品：烧杯、试管、硝酸钾、水。

实验操作：配制热硝酸钾饱和溶液于试管中，然后将试管置于装有水（常温下的水，不能采用冰水）的烧杯中冷却。观察现象。

实验现象：硝酸钾晶体慢慢从其饱和溶液中析出，如花盛开。整个结晶过程大约为1分钟，时间短，现象明显，操作简单。如图12所示。

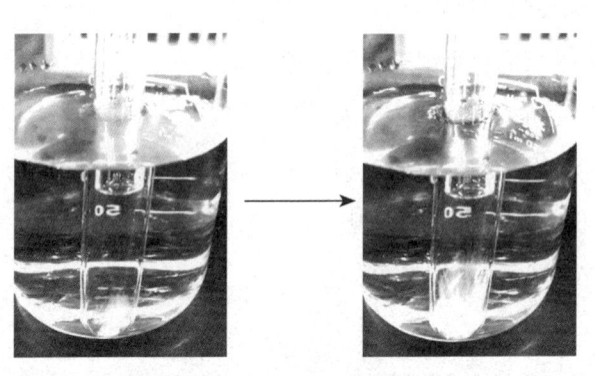

图12　冷却硝酸钾热饱和溶液实验

实验结论：硝酸钾的溶解度随着温度的降低而降低（受温度影响大，采用降温结晶）。

注意事项：冷却用的水不宜用冰水，避免硝酸钾快速结晶而现象不明显。

（十三）除氧化膜铝片与同pH的稀盐酸和稀硫酸反应

实验目的：探究酸的种类对金属与稀酸反应速率的影响情况（氯离子效应）。

实验装置与药品：试管、量筒、除氧化膜的铝片、同pH的稀盐酸和稀硫酸、同浓度的氯化钠与硫酸钠溶液。

实验操作：实验一，在装有除氧化膜铝片的试管中同时加入同质量同pH的稀盐酸与稀硫酸；实验二，在除氧化膜铝片与稀硫酸反应的试管中，分别同时加入相同质量相同体积的氯化钠与硫酸钠溶液。观察现象。

实验现象：实验一中，左边加入稀盐酸的试管中产生大量气泡，铝片逐渐消失；而右边加入稀硫酸的试管中没有明显现象，只有极少量气泡产生。实验二中，左边加入氯化钠溶液的试管中铝片表面立即产生大量气泡，而右边加入硫酸钠溶液的试管中无明显现象。如图13所示。

实验一　　　　　　　　　实验二

图13　探究氯离子效应实验

实验结论：氯离子可加快金属与稀酸的反应速率。

注意事项：保证实验变量单一；加入氯化钠与硫酸钠溶液的目的是排除钠离子的干扰。

七、小结

综上所述，录制初中化学"另类"实验视频并制作成实验微课，是初中化学教材中演示实验和学生分组实验的必要补充和拓展，是学生学习化学过程中的必备情境素材。今后将继续挖掘能促进化学教学的实验素材，形成更为丰富的实验视频资源库。

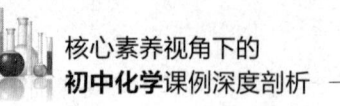

钻研教学策略　发展科学思维

一、背景

《义务教育化学课程标准（2022年版）》指出，发展科学思维，强化创新意识；初步学会运用观察、实验、调查等手段获取化学事实；能初步运用比较、分类、分析、综合、归纳等方法认识物质及其变化；形成一定的证据推理能力；能从变化和联系的视角分析常见的化学现象；能以宏观、微观、符号相结合的方式认识和表征化学变化；初步建立物质及其变化的相关模型；能根据物质的类别和信息提示预测其性质，并能解释一些简单的化学问题；能从跨学科角度初步分析和解决简单的开放性问题，体会系统思维的意义；能对不同的观点和方案提出自己的见解，发展创新思维能力，逐步学会辩证唯物主义方法论。

二、科学思维

科学思维，也叫科学逻辑，即形成并运用于科学认识活动，对感性认识材料进行加工处理的方式与途径的理论体系；它是真理在认识的统一过程中，对各种科学的思维方法的有机整合，是人类实践活动的产物。

在科学认识活动中，科学思维必须遵守三个基本原则：在逻辑上，要求严密的逻辑性，达到归纳和演绎的统一；在方法上，要求辩证地分析和综合两种思维方法；在体系上，实现逻辑与历史的一致，达到理论与实践的具体的历史的统一。

逻辑性原则就是遵循逻辑法则，达到归纳和演绎的统一。科学认识活动的逻辑规则，既包括以归纳推理为主要内容的归纳逻辑，也包括以演绎推理为主要内容的演绎逻辑。科学认识是一个由个别到一般，又由一般到个别的反复过程，它是归纳和演绎的统一。

方法论原则就是掌握方法准则，实行分析与综合的结合。分析与综合是抽象思维的基础方法。分析是把事物的整体或过程分解为各个要素，分别加以研究的思维方法和思维过程。只有首先对各要素做出周密的分析，才可能从整体上进行正确的综合，从而真正地认识事物。综合就是把分解开来的各个要素结合起来，组成一个整体的思维方法和思维过程。只有对事物各种要素从内在联系上加以综合，才能正确地认识整个客观对象。

历史性原则就是符合历史观点，实现逻辑与历史的一致。逻辑与历史的统一是科学思维的又一个重要原则。历史是指事物发展的历史和认识发展的历史，逻辑是指人的思维对客观事物发展规律的概括反映，亦即历史的东西在理性思维中的再现。历史是第一性的，是逻辑的客观基础；逻辑是第二性的，是对历史的抽象概括。历史的东西决定逻辑的东西，逻辑的东西是从历史中派生出来的。逻辑和历史统一的原则，在科学思维中，特别是在科学理论体系的建立中，有着重要意义。

三、问题

思维是人类所具有的高级认识活动。思维是对新输入信息与脑内储存的知识经验进行一系列复杂的心智操作的过程。学生对某一个问题的错误认知或片面认知，并不能说明学生没有思维，只是思维不够完善；同样，若学生能正确解决某一个问题，也不能说明学生具有完善思维，可能只是某些方面的思维是正确的。思维是一种内隐的认知行为，难以直接观察，判断学生思维发展水平并不容易。思维以感知为基础又超越感知的界限，总是在不断发展，学生解决问题的方式和效率不同，反映出学生思维水平的差异。教学过程中最大问题是既要考虑学生的思维共性，也要考虑学生的思维个性，难以真正了解学生的思维发展现状。

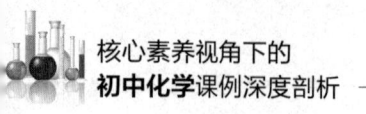

四、教学策略

教学策略广义上既包括教的策略又包括学的策略，而狭义上则专指教的策略，属于教学设计的有机组成部分，即在特定教学情境中为完成教学目标和适应学生认知需要而制订的教学程序计划和采取的教学实施措施。教学策略是为完成特定的教学目标而采用的教学活动的程序、方法、形式和媒体等因素的总和。它具有指导性而不具有规定性。对教学来说，没有任何单一策略能适用于所有情况，有效的教学需要有可供选择的策略，最好的策略就是在一定情况下达到特定目标的最有效的方法论体系。教学设计只有掌握了不同的策略，才能因地制宜地制订出良好的教学方案。

西南大学张军教授在专著《促进学生思维发展的化学教学》中提到如何促进学生思维发展的教学：准确把握学生思维发展情况，利用教学环节促进学生思维发展，注重学生思维习惯的培养。

（一）开启化学之门

在第一堂化学课上明确提出学习化学的要求：认真听讲，上课不能睡觉；记录笔记，笔记写于课本；重视小测，及时掌握知识；独立练习，熟练应用知识。

在教学过程中遇到元素和物质时，对于今后教学中需要用到的元素符号和化学式可以提供给学生，并要求学生零散地进行记忆，如：常见元素符号有O、H、C、N、Fe；简单化学式有H_2O、CO_2、CO、NH_3。在这里不宜直接让学生背诵元素周期表中1至20号元素的元素符号、名称及顺序，这样做在很大程度上会伤害学生学习化学的积极性和兴趣。

教材中"铁的锈蚀实验"与"空气中氧气体积分数的测定"属于同类实验，其实验都能用于测定空气中氧气的体积分数，反应原理基本一致：反应消耗了瓶中的氧气，导致瓶内压强变小，大气压将水压入瓶中，进入瓶中水的体积约为瓶中氧气的体积。教师应引导学生在小学科学和生活经验的基础上分析"铁的锈蚀实验"，带领学生一起设计"空气中氧气体积分数的测定"实验，然后再分析现象，进行证据推理，分析实验误差，总结实验注意事项等。"铁的锈蚀实验"改进：取一矿泉水瓶，在瓶中放入足量铁粉和食盐水，再旋紧瓶盖放置于班级的书架上，让学生持续关注实验现象，最终发现矿泉水瓶明显凹陷。将安全的化学实验放置于学生的身边，有利于引导学生时刻关注身边事物的变化并分析原因。

教材第10页实验"从蜡烛中引出白烟"并验证白烟是石蜡蒸气凝华后形成的石蜡固体小颗粒。这个实验成功率不高的原因是不容易从蜡烛中引出白烟，教师在尝试实验失败之后经常选择观看下载的实验视频，其拍摄技术使得现象十分明显，但实验视频终归无法代替现实的实验，我们经常能观察到学生观看实验视频后写在脸上的失落。实验改进：利用家用废弃的铜质电线，截取一段15 cm长的铜线，将其一端套在圆珠笔笔端绕成螺旋状铜丝圈；然后进行分组实验，一位同学用铜丝圈将烛焰罩住，立即产生大量白烟；另一位利用燃着的木条可将白烟重新点燃。改进后的实验成功率为100%，趣味性十足，让学生边玩实验边学习化学知识。

教材第12页写道"在化学变化中，常伴随着一些现象，如发热、发光、变色、放出气体和生成沉淀等。这些现象有助于我们判断物质是否发生了化学变化"。实际上学生在学习这个知识后，反而更不会判断物质是否发生了化学变化。这时可利用学习如何判断物质是否发生了化学变化培养学生的抽象思维和概括能力。抽象是在分析、综合、比较的基础上，抽取同类事物共同的、本质的特征而舍弃非本质特征的思维过程。概括是把事物的共同点、本质特征综合起来的思维过程。抽象是形成概念的必要过程和前提。教学提示：有上述现象的不一定是化学变化；而没有上述现象的也可能是化学变化；判断是否发生化学变化的唯一标准是变化中有无新物质生成（本质）。

教材第12页提到化学变化伴随着能量的吸收和释放。教学过程中涉及能量的形式转化，教师经常告诉学生说化学中不讲"内能"，但由于物理学科经常涉及内能，这样就给学生的学习造成极大的困扰。从微观的角度来看，内能是分子无规则运动能量总和的统计平均值；物体的内能应该包括其中所有微观粒子的动能、势能、化学能、电离能和原子核内部的核能等能量的总和；广义的内能就是物体或系统内部一切微观粒子的一切运动形式所具有的能量总和。由此可见，内能涉及能量范围更大，包含多种能量形式，而化学学科中的能量一般是指更为具体的能量形式，如：化学能、光能、热能、电能等。

教材第14页提到通过形成混合物与纯净物的概念建立物质的分类观。分类观中最为重要的是分类标准及判断依据，此时思维方法的建立至关重要，涉及今后整个化学物质分类系统。形成对比思维用于区别单质与化合物；区别无机化合物与有机化合物；区别氧化物、酸、碱、盐等。上述物质的分类方法是从物质的化学式角度进行分析的，如纯净物只能用一个化学式表示。

教材第16页提到金刚石与石墨中碳原子的排列方式、物理性质和用途。教学过程中应重视首因效应和近因效应，第一次涉及相关化学观念时一定要利用好情境素材或实验探究，让学生形成正确的化学观念。金刚石与石墨的素材可以让学生形成"结构决定性质；性质决定用途"的化学观念。

教材第20至23页中涉及化学实验，包括认识实验仪器的名称和用途、掌握仪器的使用方法、掌握基本实验操作、注意实验安全、遵守实验规则、进行科学实验探究等。教学过程中事先让学生阅读教材第141至142页：学生实验规则和安全要求。教师在课堂上带领学生逐条进行解读和强调其重要性，然后进行分组实验，完成"铜绿性质研究实验"和"探究金属镁的相关性质"。在化学教学过程中越早让学生接触化学实验，其学习化学的兴趣和积极性越高。

教材第24页系统地介绍了化学用语的相关学习，元素符号、化学式、物质的组成及其表示、化学反应的文字表达式、化学方程式等。教学中不宜过多地进行扩展，点到为止，让学生知道有这些知识需要学习，具备一定的难度，但只要认真学习最终一定能理解掌握并应用这些知识。此时，教师可以与学生一起归纳总结两个星期化学学习中所掌握的元素符号和化学式，学生会惊奇地发现在不知不觉中掌握了H、C、O、N、Fe、Mg、Cu、Cl、P、Si等元素符号；

H_2O、CO_2、CO、O_2、Fe、Mg、P、Si、C、HCl、MgO、NH_3等化学式,让学生知道学习过程就是知识积累的过程。

(二)身边的化学物质

教材第30页至45页中关于氧气和二氧化碳的教学模式:利用小学科学知识和生活经验引出它们在自然界中的存在与转化过程→实验室制取方法,以提供资料信息的方式告知反应原理→分析演绎出发生装置、收集装置、检验方法、验满方法、注意事项等→学生动手组装仪器并进行实验→收集5瓶左右的气体→进行气体的相关性质实验→描述反应现象,归纳气体的性质→气体的用途。

固体与液体反应制取气体的发生装置,设计为项目式学习活动:简易装置→锥形瓶+单孔橡皮塞→锥形瓶+长颈漏斗→锥形瓶+分液漏斗→简易启普发生器→分析装置的优点与不足→检查装置气密性的方法。如图1所示。

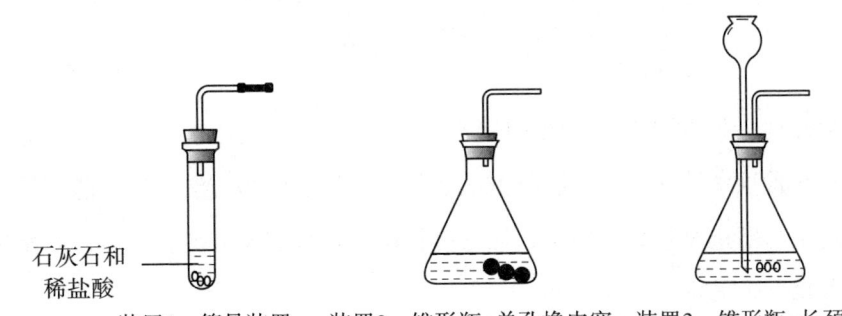

装置1 简易装置　　装置2 锥形瓶+单孔橡皮塞　　装置3 锥形瓶+长颈漏斗

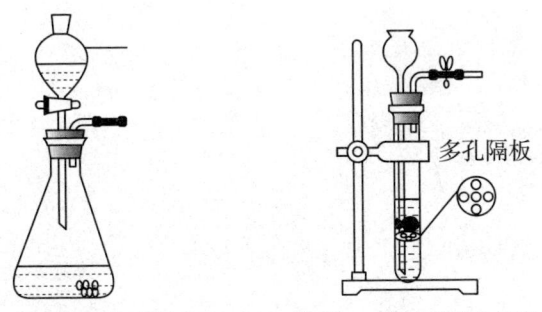

装置4 锥形瓶+分液漏斗　　装置5 简易启普发生器

图1 常见固液反应制取气体的发生装置

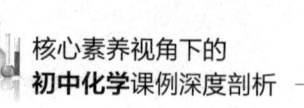

为培养学生知识迁移应用能力，开展实验室气体的制备和收集的项目式学习。

实验项目：实验室气体的制备和收集。

实验仪器与药品：干燥管、小试管、直角导管、单孔橡皮塞、止水夹、烧杯、镊子、集气瓶、酒精灯、小木条、石灰石、稀盐酸、澄清石灰水。如图2所示。

图2　实验仪器与药品

实验过程：分析制取二氧化碳的反应原理，选择仪器组装发生装置，分析设计检查装置气密性的方法、收集方法、检验方法、验满方法，讨论能否控制反应的发生与停止及其相应操作，讨论分析确定最终实验方案，然后再开始进行分组实验。如图3所示。

图3　分组实验过程中的验满操作

（三）物质构成的奥秘

"物质构成的奥秘"一章内容涉及原子、分子、离子等关键概念，学生若没有这些概念的认知，很难进入化学领域的学习。很多学生在后续的化学学习中出现困难，其中最为主要的原因就是缺少对化学关键概念的理解。化学概念建立在抽象思维之上，建构化学概念对初三学生而言具有较大难度，这是化学教学的难点。

抽象思维是用词进行判断、推理并得出结论的过程，又叫词的思维或者逻辑思维。抽象思维以词为中介来反映现实，这是思维的最本质特征，也是人的思维和动物心理的根本区别。抽象思维作为一种重要的思维类型，具有概括性、间接性、超然性的特点，是在分析事物时抽取事物最本质的特性而形成概念，并运用概念进行推理、判断的思维活动。

公元前5世纪的中国哲学家墨子提出了类似于原子论的思想："非半弗，则不动，说在端"，意思是说物质到了没有一半的时候，就不能再分了，此时的物质可谓"端"。"端，是无间也"，即"端"是无法间断的。可以看出，墨子的"端"说实际上是原子说的雏形。

以"化合物化学式的书写"的教学设计为例：

教学内容与学情分析：

学生在第3章第1~2节学习了原子、分子、离子、元素等知识，已经能从微观角度认识物质，在第3节第1课时中已经学习了单质的化学式书写以及常见元素原子团的化合价。

本课时主要教学内容为：元素化合价与原子最外层电子数的关系；化合价的定义；常见元素和原子团的化合价；化合价的一般规律；物质类别、名称与化学式之间的关系；通过化合价书写化学式的过程；化合物的命名与化学式书写间的关系。

教学过程中培养学生的微观解析、证据推理、模型认知、变化观念与平衡思想等学科核心素养；指导学生解决问题、探究原因，深入认识物质的本性的学习思路；引导学生有目的地思考，学会对比归纳，达到学以致用。

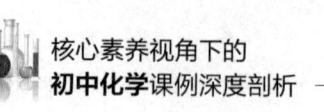

教学目标及策略：

从学生已有的知识入手，探究元素化合价与原子最外层电子数的关系；引出化合价的定义；从学生已经熟悉的化合价口诀中归纳出化合价的一般规律；通过对姓名的分析让学生深入理解物质名称、类别、化学式三者之间的联系；通过讲解如何利用化合价来书写化学式，让学生通过练习熟练掌握化学式书写；强化物质名称与化学式书写之间的联系，利用书写氯化钙化学式对本节知识进行总结。

学习目标描述：

能说出几种常见元素的化合价；能用化学式表示某些常见物质的组成；根据化合价写出常见化合物的化学式。

教学重点和难点：

根据化合价书写化学式；名称与化学式的关系。

课堂教学过程结构设计：

引入新课：氧元素化合价为什么是-2价？分析：通过原子结构示意图分析化合价。

小结：常见元素及原子团化合价→总结：化合价的一般规律→过渡：物质的名称、类别、化学式之间的关系→讲解：根据化合价书写化学式的方法→提升：不同类别化合物的命名与化学式书写→练习：根据物质名称书写其化学式→拓展应用：书写氯化钙的化学式→讲解氯化钙化学式的书写过程→总结：由此对整节课的知识进行总结→教学评价：完成相应习题。

当学习完第3章的全部知识点时，一定要让学生绘制知识点间的思维导图，以培养学生的综合思维。综合是指在头脑中把对象的各个组成部分联系起来，或把事物的个别特性、个别方面结合成整体的过程；离开综合，人们可能会对客观事物的各个部分、个别特征等有机成分产生片面认识，无法从对象的有机组成因素中完整地认识事物。

化学是研究物质的组成、结构、性质、转化及应用的一门基础学科，其特征是从分子层次认识物质，通过化学变化创造物质。不少学生在后续高中化学学习中出现困难，其重要原因是缺乏对化学关键概念的理解。加拿大著名化学家R.T.Gillespie列出六种概念，并认为它们构成了现代化学的基础。这六种概念是：原子、分子、离子；化学键：是什么使原子在分子和晶体中结合在一起；分子的几何形状：三维化学；动力学理论；化学反应：各种各样的化学反应是化学的核心；能和熵。初中化学学习阶段应重视关键概念的相关教学：元素符号、化合价、离子符号、化学式书写、金属活动性顺序表、酸碱盐的溶解性表、化学式的相关计算等。

笔者2023年毕业的学生在教师节回校时，托班主任给我一封临时用草稿纸写的信，如图4所示。这位同学在信中特别表达了她对我在初中化学课堂上注重基础知识教学的认可，而且她也实实在在地感受到扎实的基础知识对高中化学学习的益处。

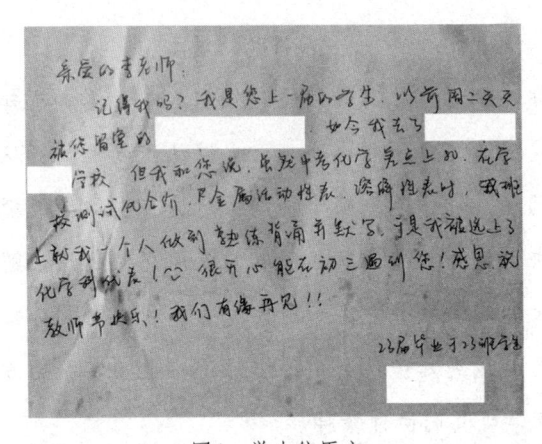

图4　学生信原文

（亲爱的李老师：记得我吗？我是您上一届的学生。以前周二天天被您留堂的某某，如今我去了某学校，但我和您说，虽然中考化学差点上80，在学校测试化合价、金属活动性顺序表、溶解性表时，我班上就我一个人做到熟练背诵并默写。于是我被选上了化学科代表！很开心能在初三遇到您！感恩，祝教师节快乐！我们有缘再见！23届毕业于23班学生）

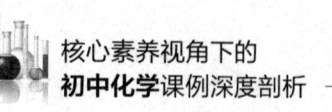

（四）认识化学变化

1. "燃烧与灭火"教学设计

教学内容与学情分析：

学生在第2章已经学习了铁、磷、镁、硫、蜡烛、碳在氧气或空气中的燃烧，另外燃烧也是日常生活中最常见的化学反应，但学生并不一定理解燃烧的本质和定义，燃烧条件中的着火点、灭火方法与原理之间的关系、火灾逃生方法的原因。因此，在实际教学中针对学生已有经验和知识设计问题，引出猜想，提出疑问，设计实验，探究实验，分析现象，得出正确的结论。

教学过程中，指导学生通过实验现象、实验手段来解决问题、探究原因，深入认识物质的性质的学习思路；引导学生有目的地思考观察现象，学会如何观察比较现象，学会用创造性思维方法及对比实验的学习方法来解决问题。

教学策略：

联系生活实际，从学生已有的经验和知识入手，增加感知实例，尽可能多地让学生多做探究实验，加深对燃烧与灭火的认识和理解；从学生常规理解上去设计有争议的问题，让学生重新审视以往对这一类问题的理解是否正确，引导学生设计实验去探究并解决问题；通过实验探究的方法来解决问题或得出结论，同时培养学生的实验操作能力和观察能力；利用对比分析、证据推理等方法演绎燃烧与灭火的相关知识；利用小组讨论、小组实验的方法，提高学生社会责任意识，培养学生共同协作精神。

教学重点和难点：

燃烧条件与灭火原理；灭火方法与原理的关系。

解决措施：

指导学生形成一种对现象的观察、思考和构像能力及自主学习的方法；教学过程中，指导学生通过实验现象、实验手段来发现问题、解决问题、探究原因，深入认识物质的性质的学习思路；增加图、声、像等直观多媒体技术，对学生感官发出最有效刺激，以促进学生获取知识。

实验设计：教师演示（部分录制成视频）

实验1：镁条在二氧化碳气体中燃烧。（学生分组实验）

实验2：燃烧条件的探究（白磷、红磷、水中白磷）。

实验3：水中白磷的燃烧。

实验4：铁粉在空气中燃烧。

实验5：点燃用酒精与水（2∶1）混合液浸湿的纸张（具有一定危险性，请不要模仿！）。

实验6：火柴头向下或向上时火焰的熄灭情况。（学生分组实验）

实验7：铜丝圈熄灭烛焰。（学生分组实验）

实验8：燃烧的高低蜡烛盖上烧杯后（250 mL）熄灭的情况。（学生分组实验）

教学过程设计：

通过复习铁、碳、镁、磷等物质燃烧的现象，总结燃烧的特征。

通过对电灯通电的现象和镁条在二氧化碳气体中燃烧实验深入理解燃烧的定义。

通过分析对比实验现象探究燃烧的条件。通过水中白磷燃烧、铁粉在空气中燃烧、对比木块和木条着火点、烧不坏的滤纸、先熄灭的是火柴头向上或向下等实验加深对燃烧条件缺一不可的理解，并引出灭火的方法与原理。

通过分析生活中各种灭火方法并思考其原理，理解灭火原理主要从燃烧条件入手。

通过对3种灭火器的了解，能给重要场合配置合适的灭火器。

通过火灾逃生方法引出其化学原理，设计实验证明逃生方法的选择原理。

通过对相关燃烧（火）成语的理解加深对燃烧的理解与应用。

教学流程中采用师生共同活动的方式进行。其中，探究实验由学生自主动手操作，并引导学生对比观察现象的异同；讨论、归纳、分析、溯因，尽可能鼓励学生人人参与，发表独立的或不同的见解。

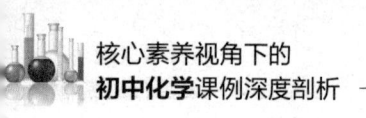

课堂教学过程结构设计：

兴趣实验引入新课：用手（蘸特殊溶液）点火（请勿模仿！）→过渡复习：铁、碳、镁、磷的燃烧→探究实验：设计实验探究燃烧条件→提问：水中白磷如何燃烧？如何保存白磷？铁如何在空气中燃烧？滤纸烧不坏的原因？木块与小木条着火点一样吗？火柴头向下比火柴头向上后熄火吗？→分析归纳→提问：灭火及其原理？→实验探究→提问：铜丝圈灭烛焰的原理是什么？炉火为什么越扇越旺？"灭"字体现的灭火原理是什么？→拓展应用→展示：3种灭火器、原理、适用场合。→探究实验→提问：火灾逃生方法的原理是什么？如何设计实验证明逃生原理？→学以致用→提问：成语内涵的理解。→课堂总结→燃烧条件与灭火原理→教学评价：完成相应习题。

2."化学反应中的质量关系"教学设计

教学内容：

本节课主要引导学生从定性到定量对化学反应进行探究。从生活出发，追寻科学家的足迹，设计实验探究定律，并构建模型、宏微结合解释质量守恒定律。

学情分析：

从以下方面进行学情分析：变化观和微粒观；基本实验操作技能；一定实验探究能力；解决生活实际的能力；好奇心和求知欲。

教学策略：

联系生活中蜡烛燃烧的实际情况，探究化学反应前后的质量变化情况。

关注实验装置与化学反应前后质量的变化情况。

从化学反应前后生成物与反应物的角度分析质量变化情况并构建定律。

引导学生设计实验重新探究石灰石与稀盐酸的反应情况并形成定律。

引导学生分析电解水的过程中原子的重新组合，宏微结合解释质量守恒定律。

利用相关的习题巩固所学知识，达到深入学习，真正理解质量守恒定律。

评价目标：

认知：通过对定律的分析，诊断并发展学生的认知水平，实现从定性到定量、从宏观辨识到微观探析的转化。

能力：通过对质量守恒定律的探究，诊断并发展学生的实验设计和操作水平。

情感：通过拓展延伸，诊断并发展学生对化学学科价值的认识。

教学思路：

情境线：生活情境→实验验证→分析实验→回顾经典→改进装置→宏微结合；

知识线：提出问题→发现问题→构建定律→形成定律→再探定律→理解定律；

方法线：从生活寻→从反应探→从实验析→从历史学→从模型知→从微观懂；

素养线：社会责任→科学态度→证据推理→模型认知→创新意识→微观探析。

实验设计：

教师演示（录制成视频）。

实验1：蜡烛燃烧前后的质量变化（学生分组实验）。

实验2：铜片在空气中加热前后的质量变化。

实验3：锥形瓶中白磷燃烧前后的质量变化。

实验4：硫酸铜溶液与氢氧化钠溶液反应前后的质量变化。

实验5：烧杯中石灰石与稀盐酸反应前后的质量变化。

实验6：锥形瓶（橡皮塞）中石灰石与稀盐酸反应前后的质量变化。

实验7：锥形瓶（气球）中石灰石与稀盐酸反应前后的质量变化。（学生分组实验）

实验8：锥形瓶（橡皮塞+胶头滴管）中石灰石与稀盐酸反应前后的质量变化。

实验9：锥形瓶（橡皮塞+注射器）中石灰石与稀盐酸反应前后的质量变化。

实验10：矿泉水瓶中石灰石与稀盐酸反应前后的质量变化。（学生分组实验）

课堂教学过程结构设计：

引入新课：让学生点燃蜡烛后放于电子秤称量→回顾历史：从哲学到科学的演变→实验验证：展示实验2至实验5→分析装置→证据推理→分析实验→提问学生：哪些是反应物？哪些是生成物？→回顾经典：质量守恒定律的百年发展史→构建定律→改进装置→提问：利用石灰石与稀盐酸的反应验证质量守恒定律，如何改进实验装置？→再探定律→展示实验6至实验10方案→分析装置→分组实验验证定律→理解定律→展示电解水的微观示意图→微观认识定律→深入学习→教学评价：应用定律完成习题。

（五）金属的冶炼与利用

教学过程应提醒学生关注并总结含有铁元素物质的颜色，强化形成结构决定性质的化学观念，区分不同物质间颜色存在差异的本质原因主要是铁元素的化合价。含有铁元素物质的颜色：铁为银白色；铁粉为黑色；四氧化三铁粉末为黑色；氧化铁粉末为红色；氯化亚铁溶液为浅绿色；氯化铁溶液为黄色。学习第7章时还需记住：氢氧化铁沉淀为红褐色；氢氧化亚铁沉淀为白色。

在学习完教材第114至117页金属的性质之后再开展项目式学习：探究金属与稀盐酸反应速率的影响因素。

实验设计：

锌、铁、镁、铜与稀盐酸的反应情况，如图5所示（该设计者为侯晓宗老师，泉州市一等奖作品）。

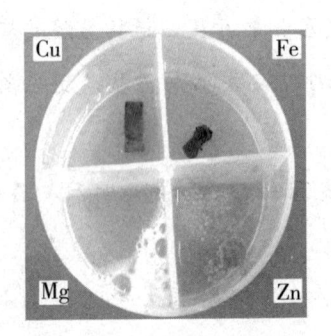

图5 四种金属与稀盐酸的反应情况

铁丝、铁粉与稀盐酸的反应情况；

铁丝与不同浓度的稀盐酸的反应情况；

设计实验准确判断金属与酸的反应速率（利用注射器、排水法或气球产生气体的速率）大小。

（六）溶解现象

辩证思维是科学思维的一种重要方式，以变化发展的视角认识事物。运用辩证法的规律进行思维，主要运用质与量互相转化、对立统一、否定之否定三个规律，抓住关键、找准重点，洞察事物发展规律。

溶液的量变与质变：分散系中分散物质的直径大小的改变引起分散系的质的改变；溶质能否继续溶解的量决定溶液是否饱和的质；饱和溶液与不饱和溶液是对立的又是统一的，且两者在改变外界条件情况下能相互转化；物质溶解度大小决定溶解性的区域；溶解度大小随着温度的改变而改变；结晶方法由物质溶解度受温度影响程度大小决定等等。以上种种情况都需要我们用辩证思维去理解。

教材第6章"溶液"的教学是可以建立于实验基础上的大概念单元教学。

演示实验设计：泥沙、高锰酸钾、食用油在水中的分散情况；氯化钠、硝酸铵、氢氧化钠在水中溶解后温度的变化情况；水、食盐溶液、蔗糖溶液、稀硫酸、稀氢氧化钠溶液的导电性测定；食用油在水中、汽油中的溶解性对比；食盐、熟石灰在水中的溶解性对比。

分组实验设计：

实验1：往装有20 mL水的烧杯中慢慢加入硝酸钾至无法继续溶解，并不断用玻璃棒搅拌，观察现象。通过实验探究可解释溶解现象、物质溶解于水中温度变化情况、不饱和溶液与饱和溶液的区别与转化方式。

实验2：取上述烧杯中上层硝酸钾饱和溶液于3支试管中，第1支试管中加入少量高锰酸钾，第2支试管放于冰水中冷却，第3支试管加热后再加少量硝酸钾固体。观察现象。

通过实验可以进行深度学习，加深理解饱和溶液的概念：前提是一定温度和一定量溶剂；判断依据是能否继续溶解该溶质；硝酸钾的饱和溶液还能溶解高锰酸钾。该实验还能帮助学生理解溶解度随温度改变而改变，还能得出结晶的概念与方法。

实验3：用食盐代替硝酸钾重复上述实验。完善溶解度随温度改变而改变的情况，得出结晶的概念与方法。

实验4：配制氯化钠热饱和溶液，然后分别采用蒸发结晶和降温结晶，观察析出氯化钠晶体质量；配制硝酸钾热饱和溶液，然后分别采用蒸发结晶和降温结晶，观察析出硝酸钾晶体质量。

实验5：配制50 g溶质质量分数为10%的氯化钠溶液。

教学过程：教师讲解分散系→溶解→溶液→溶液的性质→溶液的组成：溶质和溶剂→溶解性→准备分组实验→完成上述4个分组实验并分析实验现象→归纳总结相关知识并完成相应课本笔记→饱和溶液与不饱和溶液→溶解性与溶解度→蒸发与结晶→溶液溶质质量相关计算→溶液配制和稀释。

（七）应用广泛的酸、碱、盐

分析与综合是最基本的思维活动。分析是指在头脑中把事物的整体分解为各个组成部分的过程，或者把整体中的个别特性、个别方面分解出来的过程；综合是指在头脑中把对象的各个组成部分联系起来，或把事物的个别特性、个别方面结合成整体的过程。分析和综合是相反而又紧密联系的同一思维过程中不可分割的两个方面。没有分析，人们则不能清楚地认识客观事物，各种对象就会变得笼统模糊；离开综合，人们则对客观事物的各个部分、个别特征等有机成分产生片面认识，无法从对象的有机组成因素中完整地认识事物。

酸、碱、盐的教学过程：盐酸、硫酸的物理性质和化学性质，稀酸的化学通性；氢氧化钠、氢氧化钙的物理性质和化学性质，碱的化学通性；酸与碱的中和反应；氯化钠、碳酸钠、碳酸氢钠、硫酸铜、碳酸钙的物理性质和化学性质，盐的化学通性；复分解反应的发生条件；氢离子、氢氧根离子、碳酸根离子、硫酸根离子、氯离子的检验方法；化肥的使用及注意事项；项目式学习酸碱盐之间的综合应用：探究氢氧化钠溶液变质情况或探究粗盐（含沙子、氯化钙、氯化镁等杂质）制成精盐的方法。整个教学过程就是从分析到小综合，再从小综合到大综合。教学中应及时关注学生的学习掌握程度，因为前面的知识掌握程度会影响后面知识的学习。

在第6章"溶液"的学习中知道溶解是指物质在水中以离子和分子的形式分散在另一种物质中，强调酸、碱、盐物质在水中溶解时以离子的形式存在，用化学用语表达溶解过程时可以采用：物质的化学式→阳离子符号+阴离子符号。不用特意强调这样的式子叫作电离方程式。然后与学生一起写出氯化钠在水中溶解过程，可表示为：$NaCl \rightarrow Na^+ + Cl^-$。通过书写氢氯酸（盐酸）、硫酸、硝酸的电离方程式，归纳总结出酸的定义，为后面学习酸的通性打下坚实的基础。这种方法同样适用于碱与盐的学习。

建立起从离子角度分析酸、碱、盐的思维方法，可解决很多学习难题：酸的通性是指氢离子的性质；碱的通性是指氢氧根离子的性质；盐酸和氢氧化钠溶液中和反应的实质是氢离子与氢氧根离子结合生成水的过程；复分解反应的发生条件是有沉淀生成或有气体产生或有水生成；盐酸与氯化钠溶液的共性是氯离子的性质；氯化钠溶液中混有少量氢氧化钠杂质，其真正杂质是指氢氧根离子；碳酸钠溶液呈碱性是由碳酸根离子引起的等。

项目式学习1：鉴别氢氧化钠溶液与碳酸钠溶液

课堂小测：写出②~⑤反应的化学方程式，描述主要反应现象。

① 碳酸钠的化学式 Na_2CO_3；碳酸钠溶液呈碱性；碳酸钠俗称纯碱。

② 氢氧化钠溶液与稀盐酸：$NaOH + HCl = NaCl + H_2O$；现象：无明显现象。

③ 碳酸钠溶液与稀盐酸：$Na_2CO_3 + 2HCl = 2NaCl + H_2O + CO_2\uparrow$；现象：产生气泡。

④ 碳酸钠溶液与澄清石灰水：$Na_2CO_3 + Ca(OH)_2 = CaCO_3\downarrow + 2NaOH$；现象：白色沉淀。

⑤ 碳酸钠溶液与氯化钙溶液：$Na_2CO_3 + CaCl_2 = CaCO_3\downarrow + 2NaCl$；现象：白色沉淀。

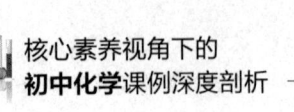

分析演绎：得出鉴别氢氧化钠溶液与碳酸钠溶液的方法。

①方法1：取样于试管中，滴加足量的稀盐酸。

现象与结论：产生气泡的原溶液为Na_2CO_3溶液。

②方法2：取样于试管中，滴加澄清石灰水溶液。

现象与结论：产生白色沉淀的原溶液为Na_2CO_3溶液。

③方法3：取样于试管中，滴加$CaCl_2$溶液。

现象与结论：产生白色沉淀的原溶液为Na_2CO_3溶液。

分组实验：按上述分析后的实验方案进行，如图6至8所示。

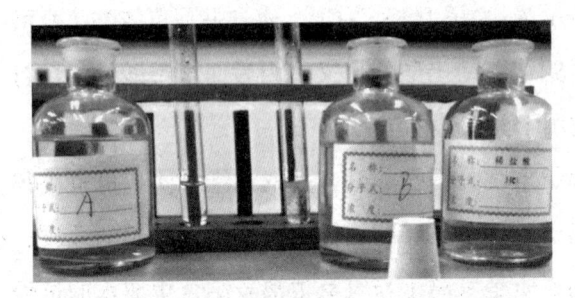

图6 分别滴加足量稀盐酸

图7 分别滴加澄清石灰水

图8 分别滴加氯化钙溶液

分析批判：滴加澄清石灰水的方法可以用于鉴别，但实验现象不是很明显；滴加氯化钙溶液的方法无法鉴别出氢氧化钠溶液与碳酸钠溶液，两种溶液中都出现明显沉淀。

深度学习：上述实验现象都是由于氢氧化钙微溶于水，20 ℃时，其溶解度约为0.17 g。1 mL的澄清石灰水中含有的氢氧化钙大约只有0.0017 g。碳酸钠溶液中滴入1 mL澄清石灰水约能生成0.0023 g碳酸钙沉淀，因此现象不明显。而氢氧化钠溶液中滴入1mL氯化钙溶液（假设含有0.111 g氯化钙）时，溶液中的氢氧根离子与钙离子能结合生成0.074 g氢氧化钙，而此时溶液中能溶解的氢氧化钙只有约0.0034 g，因此可观察到明显的沉淀。

反思：用氢氧化钡溶液代替澄清石灰水；用$BaCl_2$溶液代替$CaCl_2$溶液。演示实验。

教学目的：培养学生的批判性思维。一面品评和批判自己的想法或假说，一面进行思维。在解决问题的时候，历来都强调批判思维。批判思维包括独立自主、自信、思考、不迷信权威、头脑开放、尊重他人等。

项目式学习2：粗盐（含沙子、氯化钙、氯化镁等杂质）制成精盐的方案探究

提出问题：粗盐（含有沙子）因含杂质$MgCl_2$、$CaCl_2$而容易潮解，如何除去杂质获得纯净的食盐？

除杂原理：从离子的角度看杂质；将杂质（离子）转化为沉淀、气体或水除去；不能产生新的杂质；不能将欲提纯的物质反应除掉。

设计实验：$NaCl$、$MgCl_2$、$CaCl_2$、沙子→加水溶解；过滤→$NaCl$、$MgCl_2$、$CaCl_2$溶液→加过量的$Ca(OH)_2$溶液，除去$MgCl_2$→$NaCl$、$CaCl_2$、$Ca(OH)_2$溶液→加过量的Na_2CO_3溶液，除去$CaCl_2$和$Ca(OH)_2$→$NaCl$、$NaOH$、Na_2CO_3溶液→加过量的稀盐酸，除去$NaOH$和Na_2CO_3→$NaCl$、HCl溶液→加热蒸发结晶；盐酸挥发→食盐晶体。

反思：项目式学习1和项目式学习2中所应用的化学方程式大致相同，同样的化学方程其用途可能不同。氢氧化钠、碳酸钠与稀盐酸的反应可用于鉴别氢

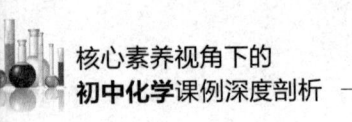

氧化钠和碳酸钠溶液，也可以用于除去氯化钠中混有的少量氢氧化钠和碳酸钠杂质。

项目式学习3：探究氢氧化钠溶液的变质情况

课堂小测：

根据物质间的关系图（如图9所示），写出反应的化学方程式。

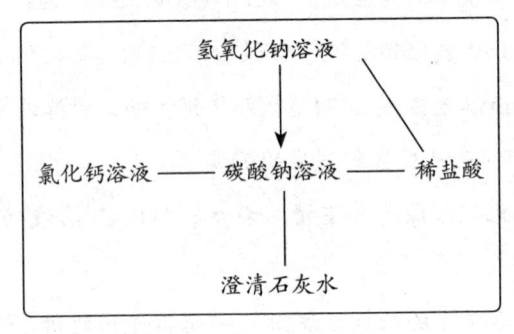

图9 物质间的关系图

答案：

$2NaOH+CO_2 = Na_2CO_3+H_2O$；$Na_2CO_3+2HCl = 2NaCl+H_2O+CO_2\uparrow$；
$NaOH+HCl = NaCl+H_2O$；$Na_2CO_3+Ca(OH)_2 = CaCO_3\downarrow+2NaOH$
$Na_2CO_3+CaCl_2 = CaCO_3\downarrow+2NaCl$

上述化学方程式将应用于整个课堂教学中，建议让一位学生写于黑板，便于课堂教学，同时也时刻提醒学生化学方程式的重要性及如何利用化学方程式解决实验问题。

实验探究1：NaOH溶液变质情况

（1）NaOH溶液露置于空气中变质的原因：$2NaOH+CO_2 = Na_2CO_3+H_2O$。

（2）不能用酚酞试液检验NaOH溶液是否变质，其理由：Na_2CO_3与NaOH两种溶液都显碱性，都能使酚酞试液变红。

（3）检验NaOH溶液是否变质的方法：滴加足量的稀盐酸。理由：若有大量气泡产生说明NaOH变质；反之则没有变质。

（4）NaOH溶液变质后溶液中的溶质：

NaOH和Na_2CO_3（部分变质）；Na_2CO_3（完全变质）。

分析推理：取样，滴加足量稀盐酸，有大量气泡产生，说明NaOH溶液已经变质，一定含有Na_2CO_3，是否完全变质实际上是判断溶液中是否还有NaOH。

检验溶液中是否还含有NaOH，应先除去Na_2CO_3，实际是除去溶液中的CO_3^{2-}，应加入什么试剂？

设计实验：取样于试管中，先加入足量的$BaCl_2$溶液至不再产生沉淀为止，除掉Na_2CO_3，然后再往上层清液中滴加无色酚酞试液，若试液显红色，说明溶液中还含有NaOH，为部分变质。

教学目的：培养学生的创造性思维。创造性思维是指依赖过去的经验和知识，把它们综合组织而形成全新的东西，如把已经学过的化学反应综合起来运用到某个具体的问题上来。那些被称作发明天才的人，就是善于进行这种创造性思维的人。

（八）食品中的有机化合物，化学与社会发展

这两章的内容难度不大，但涉及的知识面很广，体现化学的学科价值，学生可通过自学的方式理解掌握这两章的知识。将学生分为6个学习小组，对应6个学习主题：什么是有机化合物；糖类与油脂；蛋白质与维生素；能源的综合应用；新型材料的研制；环境污染的防治。让学生对相应知识进行查阅资料，进行深度学习，然后小组合作制作出PPT，在课堂上向同学展示。

依托教材中对于营养素和材料的分类，培养学生的比较思维和物质分类观。比较是在头脑中确定对象之间差异点和共同点的思维过程。分类是根据对象的共同点和差异点，把它们区分为不同类别的思维方式。比较是分类的基础。比较在认识客观事物中具有重要的意义。只有通过比较才能确认事物的主要和次要特征，共同点和不同点，进而把事物分门别类，揭示出事物之间的从属关系使知识系统化。

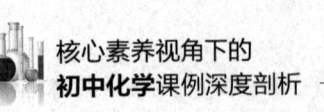

五、小结

教是为了不教，教育的最终目的是培养学生的学习能力，学会学习是学生的核心能力。在教学过程中应该运用具有思维发展作用的教学策略和行为，促进学生形成良好的科学思维习惯，强化创新意识，促进学生核心素养的全面发展和提升，促进创新人才的有效培养。

化学实验改进与创新：
做中学　用中学　创中学

化学是一门以实验为基础的学科，初中化学又是学生学习化学的启蒙阶段，要让学生对化学学习产生兴趣并喜欢学习，那么实验教学是开展化学课程教学的重要手段。教师若能结合具体的教学内容，对实验进行探究和改进、创新，不仅可以提高实验教学效果，而且能节约实验药品，增强实验的趣味性、简易性和探究性，激发学生的学习兴趣，还可以培养学生的探究精神和创新素养。创设真实问题情境，开展以化学实验为主的探究活动，倡导"做中学""用中学""创中学"，重视跨学科实践活动。

一、新课程标准背景下的化学实验改进

对于中学化学实验教学而言，要在教学活动中培养学生的创造能力，应该首先改变旧的教学观念。这就应该在课程、教材、教法、研究等方方面面都做周密的思考，敢于对课堂内外的实验教学做大胆的改进和创新，通过实验教学培养学生的创造力、动手能力，培养学生的化学观念、科学思维、探究能力、科学态度。对中学化学实验教学而言，只有经过广泛而具体的教学改进，才能使我们的化学实验教学更好、更切实际地实施素质教育，才能使化学实验活动朝着更有利于培养学生创造能力和创新精神的方面发展。

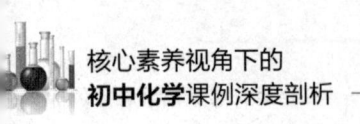

二、目前初中化学实验教学中存在的问题与困惑

从目前的初中化学课堂教学来看，教学中往往忽视问题的提出和实验方案设计过程；忽视对学生的实验能力和创新精神的培养；忽视将化学知识与学生的生活经验有机结合；忽视对学生动手、动脑、操作技能的培养。在教学中，存在着教师"重讲授，轻实验"偏向，演示实验"放视频"，分组实验"走过场"，教师在黑板上"画实验"，学生在教室里"背实验"，学生高分低能——笔试分数高，观察能力差，动手操作能力差，探究创新能力更差。另外，教材中有些实验在设计上有些缺陷，或是现象不够明显，或是存在安全隐患，或是会对环境造成污染，或是成功率低。

三、初中化学实验改进与创新的目的

通过对初中化学实验的改进与创新，改变实验"重讲授，轻实验"现状，改进有些实验现象不够明显，或是存在安全隐患，或是会对环境造成污染，或是成功率低的案例，更新教学观念，改进化学实验教学现状，提升化学教学质量。

在研究与改进的过程中与教学实践相结合，撰写有价值的课堂教学课例与实验教学案例，更好地适应新课程，增强学生对化学学科的学习兴趣，增强学生的探究意识，培养学生的创新精神和创新能力。推广微型化学实验，使实验趣味化，科学化与简约化，并形成具体实验案例，以便应用于实际教学中。

四、化学实验改进与创新原则

（一）简约化原则

在不影响实验效果的前提下，尽量采用仪器设备少、用药少、装置简单或微型化的实验装置，即简化某些常规实验装置。

（二）集约化原则

把有联系的若干个实验通过某种形式联系、集合在一起。但它不是简单地将若干个实验连接，而是在原有的基础上进行简化，形成既便于操作，又便于观察且实验效果好的有机组合。

（三）趣味化原则

兴趣是最好的老师，通过对实验的探究，力求为改进实验增添趣味性，让实验好做又好玩，激发学生的学习兴趣。

（四）绿色化原则

从环境保护的角度，对一些实验过程中产生有害气体，且污染环境的实验装置进行改进与创新。这类实验装置的改进与创新，主要方向是设计封闭的实验装置（气体发生装置、气体收集装置、气体性质反应装置、尾气的收集和处理装置、导气装置等）。

五、改进与创新的初中化学实验

（一）蜡烛燃烧产物的检验实验改进

1. 改进背景

上教版九年级化学上册教材第9~10页中检验蜡烛燃烧产物的实验的设计方案：在蜡烛火焰上方罩一个干冷的小烧杯，观察烧杯内壁的变化；向上述小烧杯中加入少量澄清石灰水，振荡，观察现象。用该方法做实验有以下不足：小烧杯内壁基本看不到有水雾出现，因为9月初气温还非常高，少量的水蒸气冷凝成水雾后立即蒸发掉；澄清石灰水变浑浊不明显，甚至不变浑浊，因为小烧杯收集到的二氧化碳气体的量太少。

2. 改进思路

对原教材实验研究后发现，增加二氧化碳的反应量和减少水蒸气的蒸发是保证该实验成功的关键，若从这两个方面对实验进行改进可提高该实验的成功率。用125 mL的集气瓶代替烧杯，改进实验装置。该装置可将蜡烛燃烧生成的二氧化碳气体和水蒸气收集在集气瓶中，改进后实验操作更简单，提高了实验可操作性，实验现象更加明显。

3. 实验步骤与现象

点燃蜡烛，在蜡烛火焰上方罩一个干冷的集气瓶，当集气瓶内壁出现水雾

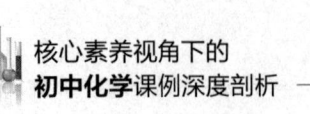

时，将集气瓶移开火焰，立刻用玻璃片盖住集气瓶口，可观察到集气瓶内壁出现明显的水雾。将集气瓶正放，倒入适量的澄清石灰水，盖上玻璃片、振荡，可观察到澄清石灰水出现白色浑浊。

4. 改进创新点

该装置用集气瓶代替小烧杯收集蜡烛燃烧生成的产物，因有玻璃片盖住集气瓶口，能有效地防止生成的水蒸气和二氧化碳气体的快速逸散，收集一次就可以检验燃烧生成二氧化碳和水蒸气，而且实验现象明显，提高了实验可操作性，可有效保证实验的成功。

（二）氢气和氧气混合爆炸实验的改进

1. 改进背景

上教版九年级化学上册教材第96页中讲到：氢气等可燃性气体在空气中达到一定浓度时，遇到明火可能会发生爆炸。另外上册教材第117页讲道：可用锌粒与稀硫酸反应制取少量氢气。学生对氢气爆炸很有兴趣，但缺少感性认识。有关氢气与氧气混合引起爆炸实验已有同仁进行改进，如氢气爆炸实验的改进，实验过程如图1所示。改进后的实验装置具有可操作性、直观性等优点，能使学生直观感受到氢气不纯遇明火会引起爆炸，但趣味性不强。

图1 利用矿泉水瓶做氢气爆炸实验

2. 改进思路

通过实验改进，设计一个方便、安全、有趣味性且成功率高的实验，能证明混有一定量的空气或氧气的氢气遇明火会发生爆炸，提高成功率，节约药品，增强趣味性。

3. 实验步骤与现象

检查装置气密性，加固体药品，连接实验装置，将导管通入装有洗涤剂水溶液（或肥皂水）的水槽中。

利用实验室制取氢气的装置制取氢气，将生成的氢气通入洗涤剂水溶液（先充分搅拌使其产生大量泡沫）中，控制产生氢气速度。当水槽中产生的泡沫达到一定量后，先取少量泡沫进行检验。控制好氢气量后，用左手舀适量的泡沫，手移离水槽一段距离，右手点燃小木条，将小木条靠近左手上的泡沫，氢气被点燃，瞬间听到尖锐的爆炸声，同时产生一团明亮的火焰，而手毫发无损，似乎练就"掌心雷"，如图2所示。

图2 "掌心雷"实验

4. 改进创新点

该实验最大的创新点是在手上点燃引爆氢气，有惊无险，趣味性强，可带给学生视觉感官的冲击，引发学生的好奇心和兴奋度，让学生在快乐中学习，在学习中感受快乐，使学生记忆深刻；且实验操作简单，实验现象明显；通过观察泡沫产生的量，用分液漏斗控制产生气体的速度，只需要少量的泡沫就能听到巨大的响声，可节约药品；该实验可连续产生爆鸣气，只要有泡沫就可以反复实验，且实验安全、实验成功率高。

（三）铁丝在氧气中燃烧实验的改进

1. 改进背景

上教版九年级化学教材上册第31页中铁丝在氧气中燃烧的操作是：在螺旋状的细铁丝末端系上火柴梗，用坩埚钳夹住铁丝并点燃末端的火柴梗，待火柴梗即将燃尽时,将它们由上而下缓慢伸入集满氧气的集气瓶中。预先在集气瓶底加少量水(或铺少量沙子),防止反应生成的固体物质溅落瓶底,致使集气瓶炸裂。按照教材中的方法进行实验,火柴的长短和插入集气瓶的时机是实验成功的关键因素,火柴太长或插入太早,会消耗掉大部分的氧气,火柴太短或插入太迟,温度还没有达到铁丝的着火点火柴就熄灭了。因此,铁丝可能会没有剧烈燃烧(无法见到火星四射),经常是火柴亮一下,铁丝却没有燃烧;或者铁丝虽然有被引燃,但反应不剧烈,燃烧一下又熄灭等等。此方法在课堂上演示成功率不高。

2. 改进思路

上教版九年级化学教材上册第115页中讲到镁、铝、铁、铜的燃烧情况的对比实验,可增设探究实验:铁丝无法在空气中燃烧,铁丝能在氧气中燃烧,那么铁粉能否在空气中燃烧?设计一个操作简单、有趣味性、有探究性(引导学生开展探究活动),且成功率极高的实验。该改进实验可以作为教材中的实验的补充,以提高学生的学习兴趣。

3. 实验装置

取一个塑料小药瓶,在塑料瓶盖上用缝衣针钻10个左右的小孔,在药瓶内装10 g左右的铁粉(还原性铁粉),然后拧紧瓶盖备用。

4. 实验步骤与现象

点燃酒精灯,将装有铁粉的小瓶子倒拿,并轻轻地摇摆,将铁粉像烧烤时撒五香粉那样均匀地撒在酒精灯火焰上。铁粉和酒精灯火焰一接触,就在空气中剧烈燃烧,火星四射,实验现象非常明显。如图3所示。

图3 铁粉在空气中燃烧

5. 改进创新点

该改进实验在空气中就可以完成，操作简单，实验现象明显，尤其是火星四射现象非常明显，可反复实验，趣味性强，还可引导学生对实验现象开展相关讨论，如反应物的表面积大小影响反应剧烈程度等。而教材中的实验若铁丝插入时机把握不好，铁丝就不能燃烧，且集气瓶中的氧气只能使用一次，若要重做实验，还得重新制取、收集氧气，浪费时间。

（四）二氧化碳熄灭蜡烛火焰实验的改进

1. 改进背景

上教版九年级化学上册教材第44页中二氧化碳使蜡烛火焰熄灭的实验，如图4所示，在做该实验时，因为受到气流或倾倒方法不当等因素的影响，燃着的蜡烛往往没有从下往上依次熄灭，而是经常出现两支燃着的蜡烛同时熄灭的现象，实验的成功率不高。

2. 改进思路

通过改进倾倒方法来提高二氧化碳熄灭蜡烛火焰实验的成功率。这些实验改进主要是在烧杯中添加硬纸板作为挡板或在烧杯中添加漏斗等，改进的实验克服了原教材实验中出现的一些问题。通过改进，实验的直观性更强，操作更简单。操作者向装置中倾倒二氧化碳就像倒水一样，不会直接倒在高的蜡烛火焰上，并且保证二氧化碳能从底部涨上来，使燃着的蜡烛从下往上依次熄灭。

3. 实验装置

烧杯中放硬纸片（或玻璃片），将5根蜡烛呈阶梯式放置，如图5所示。实验时将足量的二氧化碳气体沿硬纸片右侧慢慢倒入烧杯中，实验现象更为明显。

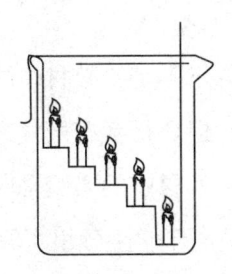

图4　CO_2熄灭烛焰实验装置　　图5　CO_2熄灭烛焰改进装置

4. 实验步骤与现象

用集气瓶（500 mL）收集满2~3瓶二氧化碳气体，点燃放置好的5根高低不一的蜡烛并放入大烧杯中，如图5所示，放入硬纸片或玻璃片（下方应留有空隙），然后将二氧化碳气体沿硬纸片右侧慢慢倒入烧杯中，可观察到5根蜡烛的火焰由低而高逐渐熄灭。硬纸片或玻璃片可防止二氧化碳直接倾倒在高的蜡烛上，造成高的蜡烛先熄灭的现象；同时，二氧化碳从硬纸片下方的空隙中流入左侧空间中，更能证明二氧化碳的密度比空气大，使燃着的蜡烛从下往上依次熄灭。实验现象明显，实验成功率极高。

（五）微粒运动实验的改进

1. 改进背景

上教版九年级化学教材第63页微粒不断运动的实验：向烧杯A中加入20 mL蒸馏水，滴入2~3滴酚酞试液，得到溶液甲。向溶液甲中滴加1~2滴浓氨水，观察现象。在烧杯C中重新配制甲溶液。在烧杯B中加入3~5 mL浓氨水，用一个大烧杯把两个烧杯罩在一起，观察实验现象，如图6所示。

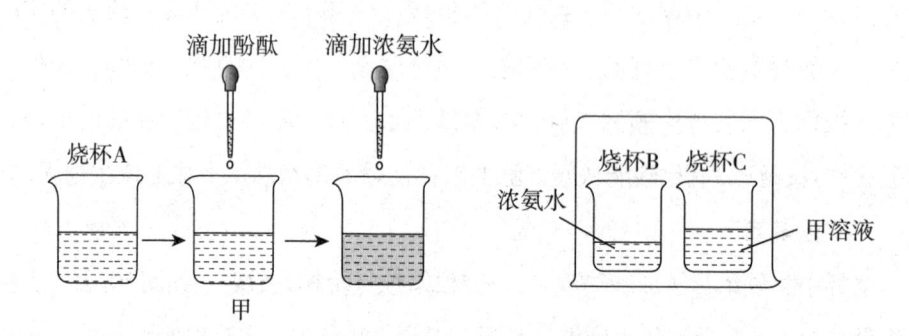

图6　探究微粒运动的实验

该实验存在以下不足：教材中的实验将浓氨水放置在敞口的小烧杯中，虽然用大烧杯罩住，但还是会有氨气逸出，虽然不会危害到师生的身体健康，但不符合环保理念；教材中的实验是固定的，只能在讲台上演示，后面的学生观察不清楚现象，不利于学生分组实验操作；教材中的实验要放置3分钟后才出现明显变红的现象，实验等待过程的时间较长；教材中的实验需要氨水量3~5 mL，只用一次，浪费药品。

2. 改进思路

通过实验改进，设计一个简单、环保、有趣味性、现象明显且成功率高的实验装置。老师可以利用该装置在课堂上演示实验，学生也能用该装置来做分组实验，不仅节约药品，环保安全，而且实验现象明显，提高了实验可操作性。

3. 实验装置及药品

矿泉水瓶、细铁丝、9朵小纸花（或滤纸片）、无色酚酞、浓氨水、胶头滴管。该实验装置如图7所示。

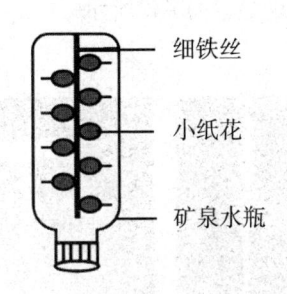

图7 探究微粒运动的改进实验

4. 实验步骤和现象

取一个350 mL的矿泉水瓶倒立，瓶底用缝衣针打个小孔，用细铁丝将滴有酚酞试液的小纸花串起来，小纸花滴几滴酚酞溶液，注意不要太多，润湿就好。然后悬挂于矿泉水瓶中，再盖上瓶盖备用。演示实验或者分组实验时，再取下瓶盖，用胶头滴管滴加1滴浓氨水于瓶盖中，然后盖回瓶盖并旋紧。大约5秒后，可观察到小纸花由下而上逐渐变红。

5. 装置创新点

该实验最大的创新点是实验中使用的浓氨水的量非常少，只要1滴实验现象就非常明显，节约药品，绿色环保。该实验时间短，5秒钟内就可以观察到明显现象，而教材的实验要3分钟才能观察到现象。该实验成功率100%，趣味性强，实验现象明显，便于学生分组实验，让学生在快乐中学习，在学习中感受快乐，教学性和趣味性共存。

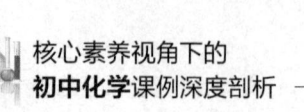

该实验还能继续改进：准备两套如图7所示的实验装置；另外准备2个烧杯，分别装50℃热水和冷水；重复上述的实验操作，将两个矿泉水瓶（倒立）的瓶盖放入水中，观察现象可得出结论：温度越高，微粒的运动速度越快。

（六）硫在氧气中燃烧的绿色化设计

1. 改进背景

硫在空气中的燃烧现象、硫在氧气中的燃烧现象及二氧化硫的相关性质实验：在燃烧匙中放入少量硫粉，将燃烧匙放在酒精灯火焰上加热，注意观察硫在空气中燃烧的现象，然后将燃烧匙连燃着的硫一起伸到充满氧气的集气瓶中，观察硫在氧气中燃烧的现象。如图8所示。

图8　硫在空气和氧气中燃烧

实验时虽然已在集气瓶中装了少量水，但由于该实验是敞口设计的，导致在实验过程中生成的二氧化硫逸散到空气中，对空气造成了污染。二氧化硫是空气中三大有害气体之一，虽然少量的二氧化硫不会影响学生的身体健康，但不符合环保理念。教材设计的实验只适合于老师演示，但不适合于学生分组实验。

2. 改进思路

从防止生成的二氧化硫逸散的角度对该实验进行改进，设计一个操作简单、体现绿色化学理念的实验装置，使用该装置做实验能有效防止实验过程中二氧化硫逸散到空气中从而对环境造成污染，体现绿色化学。

3. 实验装置

培养皿（直径15.0 cm）、集气瓶（125 mL）、带橡皮塞的燃烧匙、矿泉水瓶（1500 mL）。

拿一个1.5 L的矿泉水瓶，从二分之一处切开，留上半部分，用带有橡皮塞的燃烧匙塞住矿泉水瓶瓶口。在培养皿中装少量澄清石灰水，将采用排水法收集满氧气的集气瓶（瓶中留少量水）放在培养皿上，把带有燃烧匙的矿泉水瓶套在集气瓶外，矿泉水瓶下部浸在装有澄清石灰水的培养皿中。整个实验装置如图9所示。

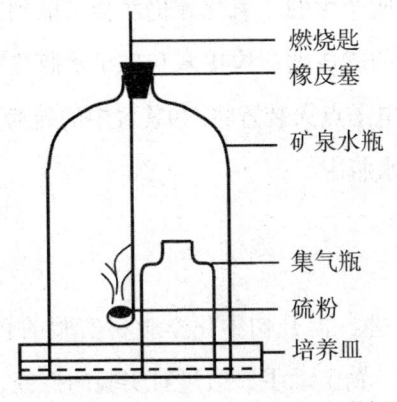

图9 硫在空气和氧气中燃烧的改进实验

4. 实验步骤和现象

收集一瓶氧气（用排水法，瓶底留少量水）；将用排水法集满氧气的集气瓶放在培养皿上，在培养皿中倒入适量的澄清石灰水，注意溶液的液面要低于培养皿的边缘；再将矿泉水瓶放置于培养皿中；用酒精灯外焰加热点燃燃烧匙中的硫粉，待硫粉燃烧后，迅速将带橡皮塞的燃烧匙伸入矿泉水瓶，此时硫在空气中燃烧，此时橡皮塞不用塞紧，可阻止二氧化硫气体逸出即可，观察到硫在空气中燃烧发出淡蓝色火焰，生成无色有刺激性气味的气体；最后将燃烧匙（正在燃烧的硫）伸入集满氧气的集气瓶中，矿泉水瓶把集气瓶罩住，此时橡皮塞应该塞紧，可观察到硫粉在氧气中燃烧，发出明亮的蓝紫色火焰。因整个反应在一个密闭的体系中，生成的二氧化硫被澄清石灰水或水吸收，不会逸散

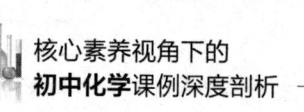

到空气中，避免了空气污染，体现绿色化学理念。

5. 改进创新点

该绿色化实验装置将矿泉水瓶罩在集气瓶外，矿泉水瓶又用澄清石灰水（或氢氧化钠溶液）进行液封，使整个反应在一个密闭的体系中，能有效地防止实验过程中二氧化硫逸散到空气中，避免对环境造成污染，培养学生的环保意识，体现绿色化学思维。该绿色化装置，既可利于教师演示实验，学生又可利用它进行分组实验，操作简单，实验成功率达100%。

该实验仍存在不足之处：利用酒精灯外焰加热点燃燃烧匙中的硫粉过程中，当硫粉开始燃烧时所产生的二氧化硫仍然会扩散到空气中而污染环境。其解决方案：将装有硫粉的燃烧匙、橡皮塞和矿泉水瓶连接好，然后再将矿泉水瓶放于培养皿中；采用电子点火装置将图9装置中的硫粉点燃，此时所产生的二氧化硫气体保留在矿泉水瓶中。

六、小结

综上所述，为了改进、提升初中化学教材实验的教学效果，化学教师要有创新意识，善于思考、勤于动手，通过对实验的探究，力求为创新实验增添趣味性、简易性、探究性和可行性。在该过程中多多去了解、学习各种趣味实验、探究实验教学的常见方法，在改进、创新的基础上形成课题研究，使我们的实验改进、创新设计等活动更好地为当今的课程改革服务。在化学实验过程中要避免环境污染，注意师生的身体健康，培养学生的绿色化学理念，让更多的化学实验向着环境友好的方向发展。

一起经历科学探究　感受化学实验魅力

　　STEM教育是一种综合性的教育模式，它结合了科学（science）、技术（technology）、工程（engineering）和数学（mathematics）四个学科。这种教育理念强调跨学科的学习和实践，旨在培养学生的创新思维、批判性思考、解决问题的能力，并促进对自然界和工程设计的深入理解。相关政策鼓励在教育中融合STEM元素，以培养具有创新精神和实践能力的高素质人才。教师可在教学过程中创设真实的问题情境，引导学生自主设计实验，开展以化学实验为主的科学实验探究活动，充分感受化学实验魅力，落实学科核心素养，促进学生实验技能与解题能力融合提升。教师只有在完整地理解核心素养各维度的内涵和发展要求的基础上，才能从教学内容、教学情境创设、教学方式选择、学习方式指导等方面系统化落实核心素养发展的各项目标。

　　新授课时，教师设计分组实验证明CO_2与NaOH溶液能发生反应，但学生在后续学习中完成相关习题时还是会出现问题，主要原因是学生在分组实验中只充当实验操作的实施者而不是实验的设计者，更不是一名实验的探究者。为帮助学生有效解决学习问题，可让学生自主设计简单而有趣的实验来验证CO_2与NaOH发生了反应，在真实的情境中提升学生的探究和实验创新能力，在实验探究过程中进行充分的自主学习，提高自身的化学学科核心素养。

一、课堂前期的准备工作

（一）观看微课，温故知新，提出课题

讲授新课时，一些教师的演示实验或者学生的分组实验应尽量以视频的形式保存起来，在阶段复习或中考复习时可让学生重温实验场景，完美的实验可以让其他同学学习，有错误的实验可以让学生进行分析和改进。学生利用课外时间观看新授课时拍摄的实验视频：往充满CO_2气体的矿泉水瓶中分别倒入相同体积的饱和NaOH溶液、饱和$Ca(OH)_2$溶液和水；往饱和NaOH溶液中通入足量的CO_2气体（如图1）。在这些实验的基础上提出课题：设计简单而有趣的实验，验证CO_2与NaOH发生了反应。

图1　饱和NaOH溶液中通入CO_2

（二）学生分组设计实验

将学生分为5个小组，每小组9个人，设1名组长、2名副组长和6名组员。小组经讨论设计实验雏形，分析演绎实验的可行性、实验操作过程及相关注意事项，模拟实验过程，分析实验可能存在的误差，最后画出实验方案设计图并上交。教师利用课外时间与每个小组同学进行分析讨论，修改和完善实验设计方案，经过2至3次修改确定最终实验方案。根据预测的实验现象给实验方案命名。

（三）制作实验仪器和制取气体

由于学生设计的实验所用的仪器不一定是常规仪器，很多仪器需要自己

动手制作，教师利用课余时间与学生一起制作仪器也是教学中重要的部分。例如：绑气球的导管，其导管口需用酒精喷灯加热熔化后按在石棉网上形成突起，便于将气球牢牢地绑在导管口，避免实验时气球膨胀脱落；选择管口大小与鹌鹑蛋相符合的试管，保证鹌鹑蛋能将试管口严密堵住且能顺利被吸入试管中；切除部分橡皮塞使之高度符合实验要求，即能让注射器的针头完全穿透；准备矿泉水瓶，规格为350 mL，另外还需保证矿泉水瓶内部是干燥的。

实验中所需的二氧化碳气体必须是纯净干燥的，而且所需的二氧化碳的量比较多，需要提前与学生一起进行制取和收集。在收集一试管二氧化碳气体的过程中，如学生问：收集一支试管的二氧化碳气体，有没有必要进行验满呢？教师可以回答：还是需要验满的，化学是靠事实说话的！也许这就是科学态度。

二、课堂教学过程

（一）学生分享实验设计心得，预测实验现象

探究实验1："会爬"的蛋（方案设计和实验现象如图2所示）

学生1：一开始的实验设计是往充满二氧化碳气体的集气瓶瓶口放一大小合适的熟鸡蛋，然后拿开鸡蛋迅速加入5 mL氢氧化钠溶液，再迅速将鸡蛋放于集气瓶口。方案存在不足是容易造成氢氧化钠溶液的飞溅、药品用量太多。经过充分讨论确定的实验方案是用试管代替集气瓶收集二氧化碳，用鹌鹑蛋代替鸡蛋。该方案的优点是药品用量少、实验操作简单、现象明显。预计现象是鹌鹑蛋慢慢地"爬"进试管内。用同体积的水代替氢氧化钠溶液重复上述实验进行对比。

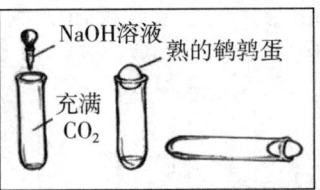

图2 "'会爬'的蛋"方案设计和实验现象

探究实验2:"自动喷泉"(方案设计和实验现象如图3所示)

学生2:老师演示的喷泉实验很"壮观",但是仪器过于笨重、药品太浪费。改进后的实验方案为用注射器吸取5 mL的氢氧化钠溶液,然后往充满二氧化碳气体的试管中注入1 mL的氢氧化钠溶液,再将试管和注射器竖直放置。预计现象为注射器的活塞自动向上推,注射器中的溶液被推入试管中。用同体积的水代替氢氧化钠溶液重复上述实验进行对比。

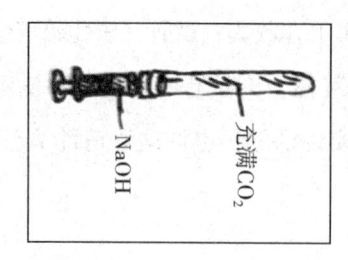

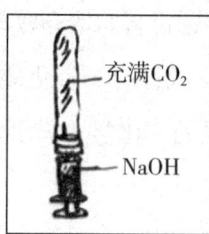

图3 "自动喷泉"方案设计和实验现象

探究实验3:"高下立判"(方案设计和实验现象如图4所示)

学生3:第一次的实验方案设计[如图4(Ⅰ)所示]是将注射器中的氢氧化钠溶液注入集气瓶中,振荡后,观察U形管中液面的高低变化情况,再用同体积的水代替氢氧化钠溶液重复上述实验进行对比。第一次的方案中实验没有同时进行对比不方便。将其改进后的实验[如图4(Ⅱ)所示]可以直接通过对比左右液面的高低得出实验结论。预计现象:U形管中液面左高右低。该实验使用两个止水夹的目的是防止两边集气瓶内压强差太大使得U形管中的液体被压入集气瓶中。

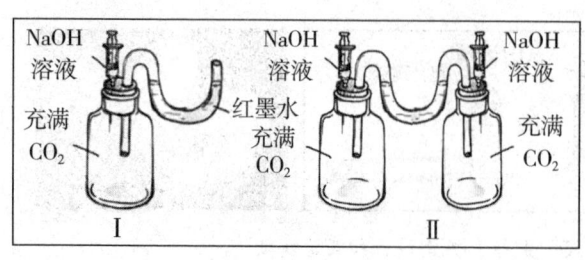

图4 "高下立判"方案设计和实验现象

在这组实验过程中,其中一位学生因力气不够而无法将止水夹打开,另外旁观的同学及时伸出友谊之手。

探究实验4:"自我膨胀"的气球(方案设计和实验现象如图5所示)

学生4:第一次方案设计[如图5(Ⅰ)所示]中没有考虑到药品的添加顺序,实验操作不规范,不严密。第二次方案设计[如图5(Ⅱ)所示],用胶头滴管吸取氢氧化钠溶液,实际操作受气球和玻璃导管的影响不容易吸取氢氧化钠溶液。最后确定的实验方案[如图5(Ⅲ)所示],注射器可吸取5 mL的氢氧化钠溶液保证反应充分,实验操作简单,便于观察实验现象。预计现象:气球慢慢胀大。用同体积的水代替氢氧化钠溶液重复上述实验进行对比。

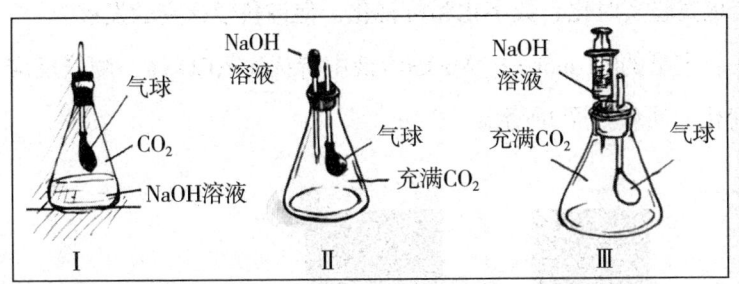

图5 "'自我膨胀'的气球"方案设计和实验现象

探究实验5:矿泉水瓶"瘦身记"(方案设计和实验现象如图6所示)

学生5:教材(上教版九年级化学下册)第46页中提到"固体氢氧化钠在空气中还能吸收二氧化碳气体而变质"。前面几组同学的实验中都使用了氢氧化钠溶液,因此都必须用相同体积的水做对比实验。我们小组认为利用氢氧化钠固体与纯净干燥的二氧化碳气体反应更为简单有趣。

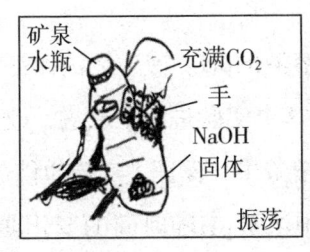

图6 "矿泉水瓶'瘦身记'"方案设计和实验现象

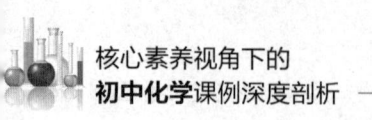

预计实验现象：矿泉水瓶会慢慢变瘪；瓶内壁有水珠生成（变模糊）；反应放热，温度升高。老师提醒：由于温度升高，为避免矿泉水瓶融化，实验过程中应充分振荡，必要时用水冷却矿泉水瓶外壁。

（二）学生进行实验，观察现象，分析原理，得出结论

实验方案由学生自主设计出来，实验过程中学生操作流畅；事先已经进行证据推理预计实验现象，当观察到的现象与预计现象一样时，学生的实验热情到达顶点。在科学实验探究过程中，学生感受到化学实验的魅力，提升了化学学科核心素养。

（三）提出问题，演示实验，引发冲突，分析原因

拓展延伸，实现实验实时化、数字化和可视化，促进科学探究的发展。

演示实验：往一定量的0.1 mol·L^{-1}NaOH溶液中持续通入CO_2体，测量反应过程中溶液pH的变化。实验如图7所示。

图7　NaOH溶液中通入CO_2

记录实验数据：每1分钟记录一次溶液的pH。因为无法保证每分钟通入溶液中的二氧化碳的量相同，后来再次对这个实验进行了改进，改为利用注射器将相同体积的二氧化碳气体缓慢地通入溶液中，保证了实验的科学性

绘制曲线：学生绘制出反应过程中溶液pH随时间的变化曲线图（如图8所示）。

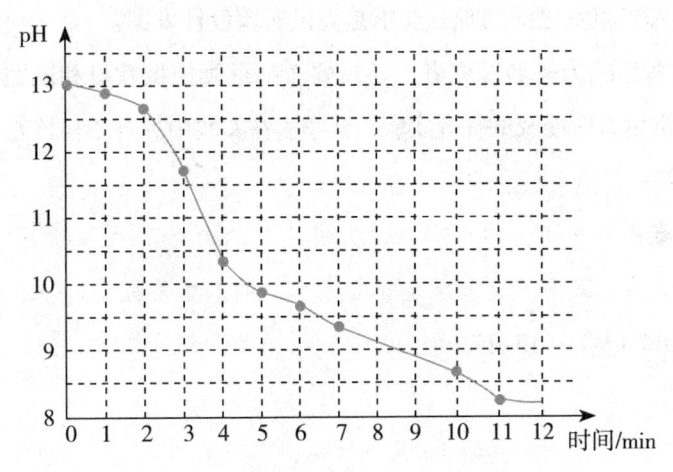

图8 溶液pH随时间的变化曲线图

查阅资料：20℃时，0.1mol·L^{-1}NaOH溶液pH=13.0；

0.05mol·L^{-1}Na$_2$CO$_3$溶液pH=11.5；

0.1mol·L^{-1}NaHCO$_3$溶液pH=8.3。（mol·L^{-1}是溶液某种浓度单位）

证据推理：分析反应过程中物质的变化：NaOH→Na$_2$CO$_3$→NaHCO$_3$。

得出结论：CO$_2$与NaOH溶液的反应情况如下。

第一阶段（CO$_2$少量）：CO$_2$+2NaOH══Na$_2$CO$_3$+H$_2$O

第二阶段（CO$_2$过量）：CO$_2$+Na$_2$CO$_3$+H$_2$O══2NaHCO$_3$

三、教学反思

化学是一门以实验为基础的自然科学，但在实际教学过程中由于种种原因，我们花在实验教学上的时间所占比例相当地少，很多本该让学生做的实验我们都用演示实验取而代之，有的演示实验被实验视频所取代，学生在化学实验过程中是旁观者而不是探究者。

课堂上学生做实验的时间安排不够充分，学生在实验过程中出现的一些操作细节的错误没有及时得到纠正，个别小组实验失败的原因也没有与学生充分探讨、分析原因。实验课要争取向课外延伸，不能随着课堂的结束而结束，争取开设一间自由的化学实验室，利用课外时间让学生去完成一些有趣的化学实

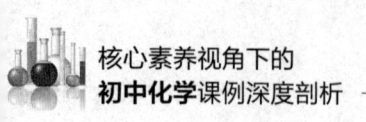

验，学生进入实验室之前的唯一要求是提供实验设计方案。

让学生真正成为一名探究者，还需要教师继续挖掘教材和试题中的真实背景，设计成学生力所能及的探究实验，让学生在实验中提升学科核心素养。

参考文献：

[1] 李志华.试论"发展学生核心素养"的基本路径[J].化学教与学，2017（9）：13-17.

第四篇 试题研究践行 教学改革

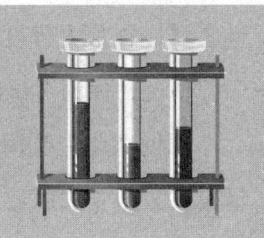

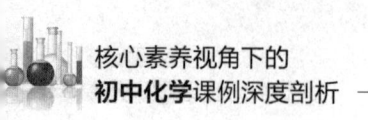

原创试题背后是教师对化学学科的认知

一、原创试题的使用情况

在教学过程的什么阶段，需要提供大量专门原创试题给学生做？是怎么使用原创试题的？

在暑假期间，教师需将下一学年的课时训练题、阶段巩固题、期中期末试题、中考模拟试题统一编制，避免重复，另外再补充原创试题。

第一学期的期中考试、期末考试和第一次、第二次市质量检测以及中考前的模拟考试，必须保证试题的新颖性，提前一个月做好原创试题的命制工作。

市质量检测的试题一般是模仿中考的原创试题或改编试题，而中考试题基本上都是原创试题，以原创试题训练学生可起到最大化的中考复习效果。评价性考试应在最大程度上采用原创试题或改编试题，保证成绩真实反映出学生的学习情况，保证考试的公平性。

原创试题主要用于课堂测试（45分钟），需要全批全改，统计学生的得分情况，分析学生解题思维或对基础知识的掌握情况。对于试卷中出现的错误解答，70～90分的学生逐一当面分析改正；70分以下的学生提前分发试卷，改正错误，对于无法理解的地方可以查阅笔记后进行修正，仍无法解决的问题再与同学讨论。部分学生采用分层次批改：40分段的学生改正错误解答后分数达到60分段即可；50分段的改正后达到70分段；60分段的改正后达到80分段。一份试卷的课堂讲评时间大约为25分钟，主要用于提升学生的解题思维能力。

二、原创试题的主要作用

给学生做这些原创试题能解决以下问题：

① 是否全面掌握基础知识？原创试题重点考查课标有要求但较少出现的知识点。

② 是否能应用相应知识解题？原创试题的问题与知识的关联点多，经常是2~3个关联点。

③ 是否能在规定时间解答完成新题？1节课考查1份化学试题，强化学生的阅读理解能力。

④ 能否快速提取有用信息？要在原创试题的背景素材和信息资料中提取有用信息。

⑤ 能否获取、分析实验相关数据？真正经历科学实验探究才能具备相应的探究能力。

⑥ 能否规范地书写正确答案？答题技巧是到达成功的最后一步，强调答案的科学性、严密性。

三、原创试题的指导思想

《义务教育化学课程标准（2022年版）》对学业水平考试的要求：依据课程标准、坚持核心素养立意、保证科学性和规范性的命题原则；确保试卷结构合理、系统制订多维细目表的命题规划；科学确定具体的评价目标及要求；精选情境素材，合理调控问题情境的复杂度；科学设置试题任务，丰富题目呈现形式。

课程标准中的教学情境素材同时也是试题背景素材：氧气的发现；我国传统化学工艺，如"湿法炼铜"，瓷器、铜器、铁器制造；久置氢氧化钠溶液的成分；二氧化碳的捕集与封存、转化与利用及碳中和；淡水危机、水的净化方法、海水制盐、海水淡化；《天工开物》中金属冶炼、合金材料的制造；均衡膳食结构；人类对物质组成的认识的发展；石灰岩溶洞与钟乳石的

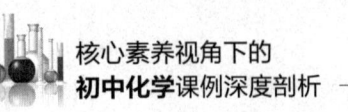

形成；新能源的开发与利用；石器、青铜器、铁器、高分子合成材料的变迁；家用洗涤剂、消毒剂的使用说明；食物中所含的主要营养物质及其含量等。

当前试题命制的改革，让知识考查回归其发生地，指导当前课堂教学的变革，走向核心素养的教学。试题主要目的是评价学生学习质量的达成程度，反映学生核心素养的发展状况，发挥对化学教学改革的正向引导作用。

四、原创试题的常见误区

试题的常见误区有：一是违背科学性，想象出来的化学实验；二是缺乏真实情境：理论计算出的实验数据；三是缺少逻辑性：只关注试题中的某些方面而选择性地忽略客观存在的事实等。

如：2021年重庆市中考化学试题。

向盛有硫酸和硫酸铜混合溶液的烧杯中滴入$Ba(OH)_2$溶液，烧杯中溶质的质量与加入的$Ba(OH)_2$溶液的质量关系如图所示。下列有关说法正确的是（　　）。

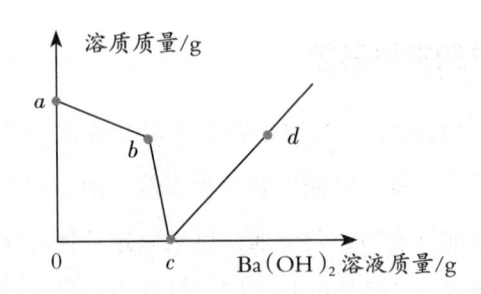

A. $a \to b$段溶液的质量一定减小

B. $b \to c$段有水生成

C. b点溶液溶质为硫酸铜

D. d点沉淀质量与b点沉淀质量相等

试题分析：能够发生化学反应的分子（或原子）的碰撞叫作有效碰撞。在化学反应中，反应物分子不断发生碰撞，在千百万次碰撞中，大多数碰撞不发生反应，只有少数分子的碰撞才能发生化学反应，能发生有效碰撞的分子是活化分子。而活化分子的碰撞也不一定都是有效碰撞。发生有效碰撞的分子有能量因素，还有空间因素，只有同时满足这两者的要求才能发生有效碰撞。

硫酸和硫酸铜混合溶液的烧杯中主要存在的离子有氢离子、硫酸根离子、铜离子，滴入$Ba(OH)_2$溶液相当于滴入了氢氧根离子和钡离子。此时能发生的反应有：①氢离子与氢氧根离子反应生成水；②钡离子与硫酸根离子反应生成硫酸钡沉淀；③铜离子与氢氧根离子反应生成氢氧化铜沉淀。

此外，查阅资料可知：铜离子在溶液pH为4.4时开始产生氢氧化铜沉淀，至pH为6.7时铜离子完全沉淀。从这个角度可知道，硫酸与氢氧化钡以及硫酸铜与氢氧化钡之间的反应是无法简单地区分先后顺序的。

此题存在的问题是人为地想象当刚刚滴入$Ba(OH)_2$溶液时，烧杯中只能发生反应①和②而没有发生反应③，然后想当然地绘制出上述试题中的关系图。而根据有效碰撞的反应原理，实际实验过程中滴入$Ba(OH)_2$溶液时，能同时发生反应①②③，则反应过程中溶液质量与$Ba(OH)_2$溶液的关系一定不是试题中的曲线关系。

又如：2018年福建省中考化学试题第13题（节选）。

步骤③用"花水"冲洗粗盐得精品盐，既可除去表面的$MgSO_4$和$MgCl_2$杂质，又不损失NaCl。则"花水"应当是_____（填标号）。

A. 蒸馏水　　　　　　B. 饱和NaCl溶液

C. 饱和NaOH溶液　　　D. 饱和$BaCl_2$溶液

试题分析：该试题的答案是B，但在实际解题过程中，很多学生一开始就将B选项给否定掉，其理由是采用饱和NaCl溶液来冲洗粗盐，那么配制饱和NaCl溶液将损失大量的NaCl，因而开始考虑其他答案。学生的解题思路严格意义上并没有错误，而是试题中的文字表达上存在歧义，建议将"又不损失NaCl"改为"又不损失粗盐中的NaCl"。

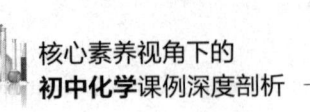

五、原创试题的创作案例

原创试题的工作量相当巨大，整个初中化学学习阶段所需的原创试卷大约为5份，试卷保证在创新实验、图像坐标、信息资料、微观模拟、实验探究等方面做到原创试题。

原创试题的创作灵感来自于教学反思、新闻报道、传统文化、科技创新、文献论文等。

（一）教学反思

在一次讲评习题的课堂上，教师讲解固体与液体混合后连接的气球变化情况，分析得出结论：气球膨胀有两种情况，产生气体或放出热量；若产生气体，气球不会变小；若放出热量，一段时间后气球会慢慢变小至恢复原状。这样的讲解方式已经进行过无数次，自己和学生都感觉相当合理。突然，有一位学生站起来说：老师，应该还有第3种情况，固液相互混合后既产生气体又放出热量，如金属镁与稀盐酸反应，此时气球应先膨胀然后再慢慢变小，但不会恢复原状。学生的发言让我重新思考问题并着手创作试题。

原创试题1：

将Y形管（如图1所示，装置气密性良好）中液体与固体混合后，气球大小的变化情况如图2所示。则下表使用的液体和固体组合中，符合这一现象的是（　　）。

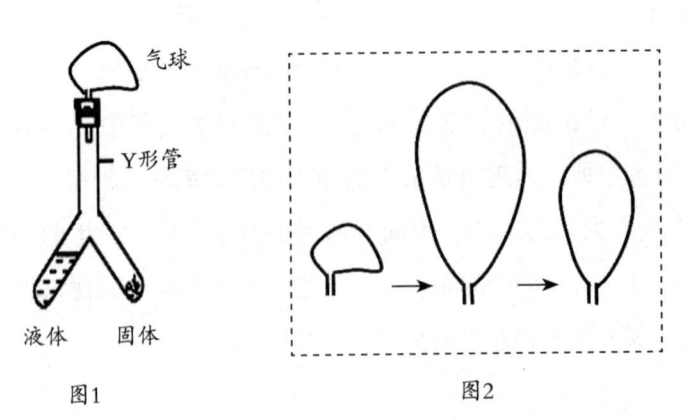

图1

图2

选项	液体	固体
A	水	氢氧化钠
B	稀硫酸	锌
C	水	硝酸铵
D	水	生石灰

教学过程中，我发现学生可以高质量地完成涉及溶解度曲线图的相关习题，只要讲评之后学生就能将类似的试题做好。学生在没有真正理解溶解度的相关概念和具备辩证思维能力的情况下，无法高质量完成新的关于溶解度的图像坐标试题。为引导学生能从质与量的变化角度去分析溶液的状态，我积极创作了以下试题。

原创试题2：

20 ℃时，分别将100 g甲溶液和100 g乙溶液恒温蒸发，析出晶体（不含结晶水）的质量与蒸发水的质量关系如下图所示。下列相关说法不正确的是（   ）。

A. 恒温蒸发前甲溶液是不饱和溶液

B. a点时，甲、乙两溶液的溶质质量分数相同

C. 20 ℃时，甲与乙的溶解度之比为5∶1

D. 20 ℃时，甲饱和溶液的溶质质量分数为50%

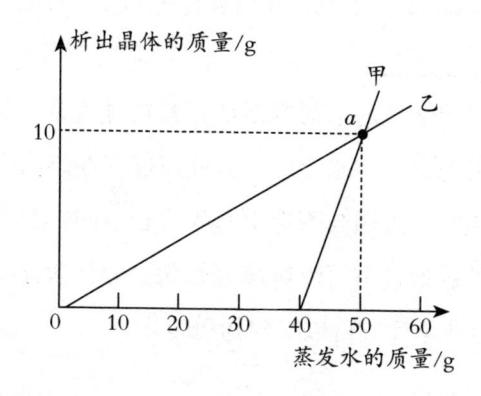

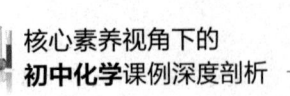

教学中，教师经常利用思维关系图对物质的知识进行讲解，涉及金属的知识有：金属的存在形式、金属的冶炼、金属的化学性质与物理性质、金属的保存方法等。教学过程中，知识点是分散讲解的，单元总结时应采用归纳总结的方式建构金属知识的思维导图。

原创试题3：

阅读钠的关系图，回答相关问题。

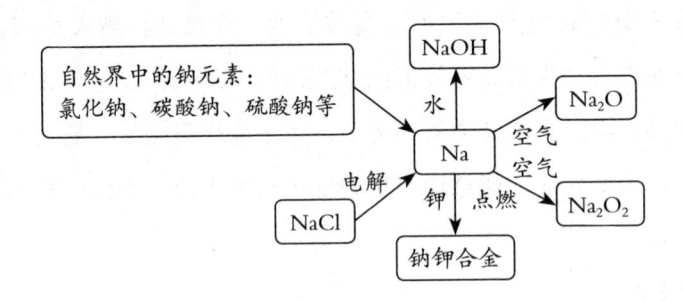

（1）自然界中钠元素以_____（填"单质"或"化合物"）形式存在。

（2）钠保存在煤油中，是为了防止钠与空气中的_____反应而变质。

（3）钠暴露在空气中，与氧气反应生成氧化钠（Na_2O）；钠在空气中燃烧，生成淡黄色的过氧化钠（Na_2O_2）。说明反应物相同，_____不同，则生成物不同。

（4）钠钾合金常温下呈液态，说明钠钾合金_____。

（5）写出电解熔融氯化钠制取单质钠和氯气（Cl_2）的化学方程式：_____。

试题点评：通过化学式的书写判断钠元素在自然界的存在形式；分析图中信息，得出金属钠易与氧气、水反应，因此应保存在煤油中；根据图中信息，得出钠在空气中燃烧时，点燃与否会引起生成物不同；合金与成分金属对比，其熔点比成分金属低；通过书写电解熔融氯化钠的化学方程式强调化学观念，即在一定条件下通过化学反应可以实现物质转化。

（二）新闻报道

每年的诺贝尔化学奖研究成果都是创作试题的背景材料，它可以引导学生关注化学科学最前沿的研究及其成果，激发学生学习化学的热情。

原创试题4：

2021年诺贝尔化学奖研究成果与手性分子有关。苯丙氨酸（$C_9H_{11}NO_2$）存在手性分子，如下图中S-苯丙氨酸是苦味，R-苯丙氨酸是甜味。

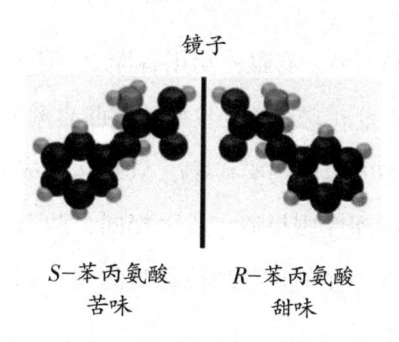

镜子

S-苯丙氨酸　　R-苯丙氨酸
　苦味　　　　　　甜味

下列关于苯丙氨酸分子说法正确的是（　　　）。

A. 苯丙氨酸分子由23个原子构成

B. 苯丙氨酸分子由4种元素组成

C. 苯丙氨酸的相对分子质量为165 g

D. 碳、氧原子的质量比为27∶8

原创试题5：

2022年诺贝尔化学奖的成果之一是利用叠氮化合物将"点击化学"应用扩展到生物领域。最简单的叠氮化合物为氢叠氮酸（HN_3）。

下列关于氢叠氮酸说法正确的是（　　　）。

A. 氢叠氮酸分子由4个原子构成

B. 氢叠氮酸的相对分子质量为43 g

C. 215 g氢叠氮酸中含有210 g氮元素

D. 氢叠氮酸中氢元素与氮元素的质量比为1∶14

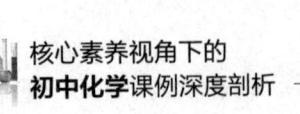

（三）传统文化

传统文化是文明演化而汇集成的一种反映民族特质和风貌的文化，是各民族历史上各种思想文化、观念形态的总体表现。其内容当为历代存在过的种种物质的、制度的和精神的文化实体和文化意识。

"雌黄"一词最早见于《黄帝内经》。之所以有雄雌黄之说，是因为古人认为，雄黄出现在山的阳面，雌黄产于山的阴面，故而按照阴阳五行学说将其分雄雌两种。

雌黄可入药，性味辛，平，有毒；功用有燥湿、杀虫、解毒。

雄黄有毒，体外试验发现它对常见致病性皮肤真菌有抑制作用。

雄黄和雌黄都是含砷的硫化物类矿物，只是化学成分略有差异。虽然它们是两种不同的矿物，但物理性质相似，成因相同，两者经常共生在一起，形影不离。感叹于古人的智慧，在不具备现代科学的观点和技术的情况下，他们能将如此相似的物质区分清楚。

原创试题6：

雄黄（As_4S_4）、雌黄（As_2S_3）都是提取砷（As）的主要原料，它们的结构如右图所示。下列相关说法不正确的是（　　）。

A. 右图中的白色小球表示硫原子

B. 相对分子质量：雄黄大于雌黄

C. 雄黄与雌黄的化学性质相同

D. 雄黄与雌黄都是由砷元素和硫元素组成的

原创试题7：

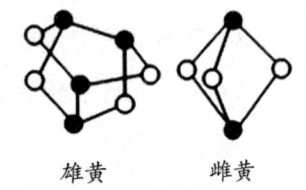

"沉睡三千年，一醒惊天下。"三星堆出土了大量有研究价值的文物。

（1）青铜器：高2.62米的青铜大立人、高3.95米的青铜神树。

青铜属于＿＿＿＿＿＿＿（填"金属""合成"或"复合"）材料。

（2）金器：半张黄金面具约280g。黄金面具有很强的抗腐蚀能力，其原因是＿＿＿＿＿＿＿。

（3）玉器：满饰图案的玉石器由玉磨石打磨而成。

玉磨石的硬度_____（填"小于"或"大于"）玉石器。

（4）种子：已经碳化的大米种子证明在4500年前我国已经开始种植大米。大米中富含的营养素为_____。

（5）丝绸：祭祀用的丝（蚕丝）织品残留物。丝织品与棉线的区别方法是_____。

（6）象牙：象牙可用纳米羟基磷灰石[$Ca_5(OH)(PO_4)_3$]进行修复。羟基磷灰石中钙元素与氧元素的质量比为_____。

（四）科技创新

科技创新是原创性科学研究和技术创新的总称，是指创造和应用新知识和新技术、新工艺。2023年10月4日，瑞典皇家科学院宣布将2023年诺贝尔化学奖授予蒙吉·巴文迪、路易斯·布鲁斯和阿列克谢·叶基莫夫，以表彰他们关于"发现合成量子点"的贡献。

原创试题8：

能够在人体血管中通行的药物分子运输车——"纳米药物分子运输车"，在中国科学院上海硅酸盐研究所研制成功。该"运输车"可提高肿瘤的治疗效果，其结构如下图所示。下列说法正确的是（　　）。

A. 四氧化三铁与二氧化硅都是金属氧化物

B. 四氧化三铁中铁元素的化合价均为+3价

C. 二氧化硅中硅元素与氧元素的质量比为7∶4

D. 该"运输车"的外壳一定含有碳元素

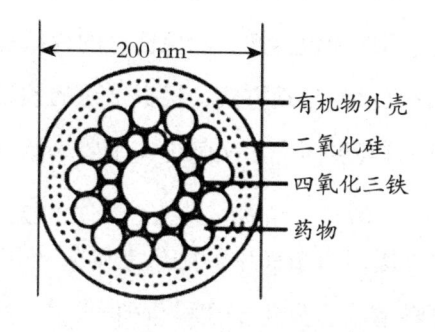

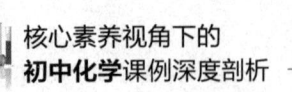

原创试题9：

2023年10月4日，三位科学家因"发现合成量子点"获得2023年诺贝尔化学奖。我国化学家研究的一种新型复合光催化剂［碳量子点/氮化碳（纳米复合物）］可以利用太阳光实现高效分解水，其原理如下图所示。

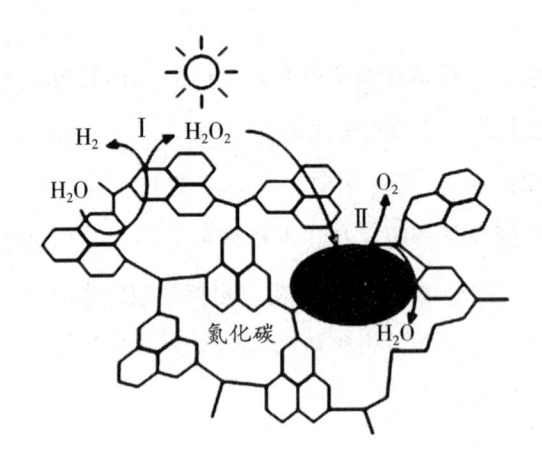

（1）氮化碳中氮元素的化合价为-3价，碳元素的化合价为+4价，则氮化碳的化学式为_____。

（2）写出反应Ⅰ的化学方程式：_____。

（3）上述分解水过程中所产生氢气与氧气的质量比为_____。

（4）碳量子点/氮化碳（纳米复合物）在上述反应过程中_____和_____都没有改变。

（五）文献论文

教师要进行文献论文的学习研究，主动挖掘发现可用于试题创作的材料，关注材料的真实性、适用性和包容性，确保信息的权威性，根据学生的知识基础和活动经验基础优化素材的呈现方式，根据试题的预设难度调整素材的复杂度和陌生度，与试题问题高度匹配。文献论文主要来源有《化学教育》《化学教学》《化学教与学》等。

原创试题10选材于厦门市金尚中学陈怡老师发表于《化学教与学》的论文《应用传统文化史料情境彰显化学学科价值——以"燃料的合理利用与开

发"为例》。

原创试题10：

简易氢氧燃料电池实验：在U形管中装入氢氧化钠溶液（增强水的导电性），连接学生电源，进行水电解实验（如图1）。待两极石墨碳棒出现明显气泡，立即换接电流表（如图2），观察到电流表指针大幅度偏转。下列说法正确的是（　　）。

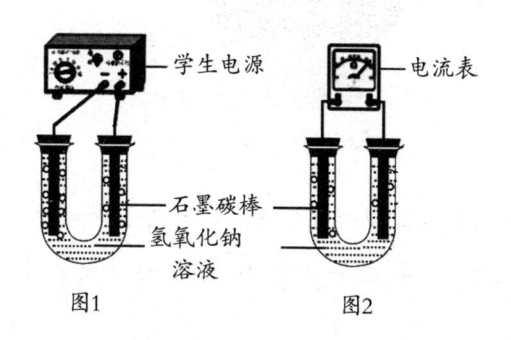

A. 图1中U形管左侧电极产生的气体是氧气
B. 图1中U形管左右电极产生气体的质量比为2∶1
C. 图2现象说明氢氧燃料电池中氢气和氧气均未发生反应
D. 图2现象说明氢氧燃料电池可将化学能转化为电能

解析：通过电池的电极可知，左侧为负极，产生的是氢气。根据化学变化的质量关系，可以计算得知两极产生气体的质量比为1∶8。根据化学反应的基本规律，燃料电池中氢气、氧气均为反应物。燃料电池的基本原理是将化学能转化成电能。

点评：本题难度稍大，需要掌握水电解过程中两极分别产生的气体，并懂得用化学方程式计算出两者的质量比。同时，利用题目信息，判断燃料电池中发生的化学变化需要氢气和氧气参加，并知道燃料电池的工作原理是将化学能转化为电能。

基于情境设计任务，注重试题中问题设问点对核心素养考查的进阶性，设计考查分析解释、推理预测、简单设计实验、综合问题解决等。

原创试题11选材于陈俏、蒋郸骥、王心怡老师发表于《化学教育（中英文）》的论文《高中化学"从组成和变化视角认识身边的物质"项目式学习——家用氯化钙除湿剂》。

原创试题11：

化学小组对某氯化钙除湿盒（如下图）中的除湿剂进行探究。

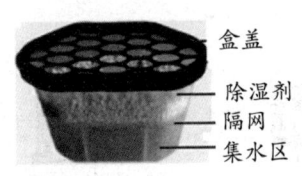

氯化钙除湿盒

【资料】①氯化钙具有强烈的吸水性，广泛用于家庭除湿防霉。

②常见的氯化钙产品主要有无水氯化钙（$CaCl_2$）和氯化钙晶体（$CaCl_2 \cdot xH_2O$）。

③氯化钙晶体在受热条件下发生如下反应：$CaCl_2 \cdot xH_2O \xrightarrow{\triangle} CaCl_2 + xH_2O$。

④氯化钙晶体溶于水形成溶液，其溶质为氯化钙。

【活动一】探究除湿剂的吸湿过程和成分。

称取5.0 g除湿剂样品和5.0 g无水氯化钙分别置于培养皿中，敞口放置于潮湿空气中，每隔24小时测一次样品质量，数据如下表。

测量次数	1	2	3	4	5	6	7	8	9	10
除湿剂样品/g	5.0	6.5	8.8	10.2	10.9	11.5	12.1	12.4	12.6	12.6
无水氯化钙/g	5.0	8.8	11.8	13.2	14.3	15.2	16.0	16.5	16.7	16.7

分析上表数据，回答问题：

（1）第3次测量时，发现两种样品均已全部溶解，此时样品_____（填"有"或"没有"）吸水性。

（2）当氯化钙溶液溶质质量分数为_____（列计算式）时，开始不具有吸水性。

（3）除湿剂中氯化钙产品不是纯净无水氯化钙，其判断依据是_____。

【活动二】测定除湿剂 $CaCl_2 \cdot xH_2O$ 中的 x 值。

某同学设计实验方案并测得样品质量随温度的变化情况如下图所示。

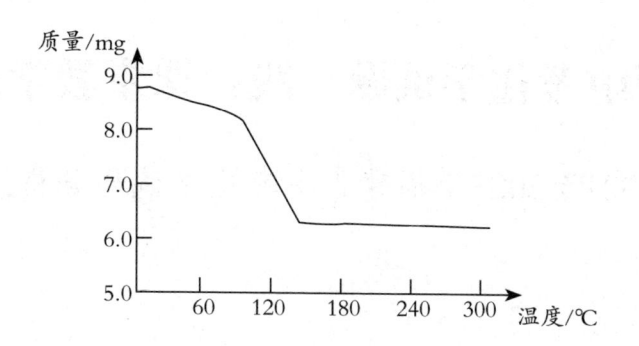

（4）其实验方案：称量一定质量的样品，_____，经计算求得 x。

（5）根据资料，称量样品时应注意_____。

【活动三】除湿剂使用后的处理方法。

（6）从循环利用的角度考虑，除湿盒使用后集水区内氯化钙溶液的处理方法是_____。

点评：本题属于难题，背景新颖又是日常可接触的物品，主要考查学生的读题能力、数据分析能力、图像分析能力，并将分析结果和化学基本实验技能进行关联，设计出合理方案。在教学中，建议多让学生表达实验设计方案，并知道实验方案中的关键点。

综上所述，原创试题需要命题者持续地学习和提高，不断挑战自己，以适应不断变化的命题的要求和高度。《道德经》中讲"为学日益"，是指学问是靠知识、读书、经验，一点一滴慢慢累积起来的。命制原创试题同样需要一点一滴慢慢累积起来。

分析中考化学试题　践行课堂教学改革

——2021至2023年福建省中考化学试题分析及启示

一、问题研究背景

中共中央、国务院在《深化新时代教育评价改革总体方案》中指出，教育评价事关教育发展的方向，有什么样的评价指挥棒，就有什么样的办学导向。《义务教育化学课程标准（2022年版）》对学业水平考试的命题原则、命题规划和试题命制提出明确要求：依据课程标准；坚持核心素养立意；保证科学性和规范性；确保试卷结构合理；系统制订多维细目表；科学确定具体的评价目标及要求；精选情境素材，合理调控问题情境的复杂度。义务教育化学学业水平考试主要评价学业质量的达成程度，反映学生核心素养的发展状况，发挥对化学教学改革的正向引导作用。

本研究进行了《教师对福建省中考化学试题的分析情况》问卷调查，参与教师327位，其中教龄15～25年的占40%。问卷调查的部分结果数据如表1所示。

表1　问卷调查的部分结果数据

中考试题分析的 主要内容	教师独立分析 的主要5项内容	专家分析的 主要5项内容	对教学有指导意义 的主要5项内容
A. 试题结构	208	178	138
B. 整卷难度	243	196	141

续表

中考试题分析的主要内容	教师独立分析的主要5项内容	专家分析的主要5项内容	对教学有指导意义的主要5项内容
C. 单题难度	69	82	56
D. 试题类型	161	110	128
E. 学业质量的核心知识点	208	199	218
F. 核心素养的内容与水平	160	215	194
G. 试题的背景及其类型	122	152	154
H. 问题的设计方式	115	84	127
I. 问题的关联度（一个或多个）	47	51	63
J. 知识点考查的分值	77	74	83
K. 情境与设问间的对应性	66	75	87
L. 预测难度	13	19	17
M. 实测难度	27	35	26
N. 核心素养考查的分值比例	34	69	59

分析上表数据，可知中考试题的主要分析内容有：试题结构、整卷难度、试题类型、学业质量的核心知识点、核心素养的内容与水平、试题的背景及其类型、问题的设计方式。

本文选取2021至2023年福建省中考（以下简称"3年中考"）化学试题作为研究对象，进行对比分析，探索归纳教师中考试题分析中的"轻"与"重"，期待能对初中化学课堂教学改革带来一些借鉴和启示。

二、研究方法

（一）构建试题分析框架

新课程标准要求：系统制订多维细目表。多维细目表的基本维度包括核心素养、学习主题的核心内容、学业质量、情境素材类型，以及题型、分值、题目难度等基本要素。制订多维细目表时需分析、统计各维度所占的分值比例，确保比例合理，符合测试的性质和目的，保证试卷的整体性和均衡性。现从试题情境、问题设计、学业质量和核心素养等要素入手，构建了试题分析框架，如图1所示。

```
试题情境  →  分析    →  情境与设问  →  学业质量的  →  核心素养的  →  分值统计及
及类型       试题设问    的对应性      核心知识点    内容及水平    难度分析
```

图1　试题分析框架

本文参考《化学教学》2019年第1期《情境服务问题　问题检测素养——核心素养视角下全国Ⅰ卷化学试题分析及启示》文献中试题分析记录表和试题分析框架，根据实际试题分析情况，将学业质量的核心知识点置于试题分析记录表的第1列，设计试题分析记录表，如表2所示，便于记录、统计、对比分析结果。

表2　试题分析记录表

学业质量的 核心知识点	核心素养的 内容及水平	试题 情境	情境与设问 的对应性	中考 年份	题号	分值 统计	难度 分析

（二）制订试题分析初步方案

分析中考试题中涉及学业质量的核心知识点，发现其存在主观性、重复性、交叉性。例如：2023年中考试题第14题第（1）题，其涉及学业质量的核心知识点有酸的性质、碱的性质、酸碱中和反应、化学式的书写、化学方程式的书写、废水的处理等。为保证分析结果的准确性和客观性，我们选择了3位担任多年初三化学教学、具有丰富教学经验、具有较强的学习和教学研究能力的教师对3年中考化学试题进行独立分析，然后进行了交流讨论。

试题分析前，3位教师先认真学习了新课程标准的课程性质、课程理念、课程目标、课程内容、学业质量及课程实施，再认真学习了吴星教授在《化学教学》2022年12期《对义务教育化学课程学业质量标准的认识》中关于课标的解读文献；完成3年中考化学试题的详细作答；熟悉试题分析的框架和方案，各地的试题评分标准并不完全一致，试题的难度值以泉州市为例进行分析；独立分析试题，记录分析结果，对比、讨论并确定比较合理的分析结果。

3位教师对2023年中考部分试题分析结果如表3所示。

表3　部分试题分析结果

学业质量的核心知识点	核心素养的内容及水平	试题情境	情境与设问的对应性	中考年份	题号	分值统计	难度分析
认识物质组成和性质：化学式的理解及相关计算	化学观念：初步学会从定性和定量的视角研究物质的组成及变化	某茶多酚$C_6H_6O_2$	良好	2023	11（2）	2	0.70
		嫦娥石组成元素种类	良好		12（2）	1	0.72
		嫦娥石的用途：磷肥	良好		12（3）①	1	0.79
		嫦娥石提炼金属镁	良好		12（3）②	2	0.59
		推测嫦娥石的用途	良好		12（3）③	2	0.31

（三）制订试题重点分析方案

在试题分析过程中，我们发现需要的一些省级数据（如试题预测难度、试题得分情况等）并不公开，还有一些省级数据对实际教学没有作用或者作用很小，因此最终确定重点分析中考化学试题中所考查的学业质量的核心知识点、核心素养的内容及水平、试题情境，其分析结果如表4所示。

表4　部分试题重点分析结果

学业质量的核心知识点	核心素养的内容及水平	中考年份	试题情境
认识物质组成和性质：物质分类	化学观念：认识物质的多样性，能对物质进行分类	2021	全硼富勒烯团簇
		2022	飞船供氧系统；灰吹法炼银
		2023	新型固体材料气凝胶；茶叶
认识物质组成和性质：化学式的理解及相关计算	化学观念：初步学会从定性和定量的视角研究物质的组成及变化	2021	大蒜素$C_6H_{20}S_2O$；月壤中的$CaAl_2Si_2O_8$
		2022	硫辛酸$C_8H_{14}O_2S_2$；外星球矿样中水与氢元素的质量关系
		2023	某茶多酚$C_6H_6O_2$；嫦娥石的组成元素；嫦娥石提炼金属镁

续表

学业质量的核心知识点	核心素养的内容及水平	中考年份	试题情境
探究问题解决与应用：食品中的营养素	科学态度与责任：初步形成健康的生活方式	2021	运动员功能饮料
		2022	巧克力营养成分表
		2023	茶叶中的基本营养素

三、结果分析

（一）轻试卷结构，重整卷难度

3年中考试题结构保持不变：总题量为18题；总分值为100分；考试时长为60分钟；第1~10题为单项选择题，共30分；第11~18题为非选择题，共70分。福建省化学中考试题的平均得分和实测难度，所得数据如表5所示。

表5 试题平均得分与实测难度分析结果

中考年份	题型	分值	平均得分	实测难度
2021	整卷	100	58.89	0.59
2022	整卷	100	63.51	0.64
2023	整卷	100	62.75	0.63

福建省3年中考化学试题的整卷难度分别为：0.59、0.64、0.63。整卷难度呈现较为稳定的状态，因此，在教学过程中，教师与学生都应保持稳定的心态，可以预测2024年福建省中考化学试题整卷难度不会出现大的波动，仍然会着重考查初中化学基础知识、基本技能、学科思想与方法，考试内容仍然会选择学生熟悉的、发生在身边的化学问题和对学生后续发展有用的知识。

（二）轻试题类型，重试题难度

以往教学中我们认为只要将科学实验探究做透讲透，学生就能在中考取得好成绩，因此在复习过程中我们将大量不同类型的科学探究题抛给学生，并且占用大量的复习时间。为验证这一做法是否正确，又对中考试题类型进行分析对比，其分析结果如表6所示。

表6 试题类型分析结果

题号	试题类型		
	2021年	2022年	2023年
1	营养素	材料分类	净水
2	物质分类	物质分类	材料分类
3	复合肥料	溶质质量分数	物质分类
4	化学式意义	化学知识	能量转化
5	基本实验操作	基本实验操作	基本实验操作
6	金属	营养素	二氧化碳检测
7	化学知识	微粒性质	基本实验操作
8	实验方案	化学式意义	燃烧与灭火
9	图像分析	金属冶炼	证据推理
10	图像分析	实验方案	图表分析
11	化学用语	化学用语	化学用语
12	金属	化学用语	化学用语
13	溶液	金属与酸	信息提取分析
14	化学用语	信息提取分析	溶液
15	信息提取分析	溶液	化学用语
16	实验室制取气体	实验室制取气体	化学基础实验
17	实验探究	实验探究	实验探究
18	化学计算	化学计算	化学计算

通过上表分析，可知3年中考化学试题类型基本保持不变，整卷的实测难度呈现相对稳定的状态，在实际教学过程中不能过于关注传统意义的难题，3年中考的难题呈现分散形式，没有集中在第17题科学实验探究题。

2023年中考试题第14、15、17题的实测难度分别为0.46、0.50、0.46，其中第14题考查溶解度曲线的应用，第15题考查探析化学反应的微观过程，第17题考查"研究钢铁防护的方法"的实践性作业。2023年中考试题第11、12、13、14、15、17题中重复出现"学习小组查得资料"，这一明显重复对学生信息获取、信息加工和信息整合能力提出更高的要求，指引教师关注学生学会学习。第13题增加现场学习关于轻粉的资料，让学生能现场学习总结知识脉络，整合原有学科知识解决问题。这就要求我们一线教师必须将学业要求的核心内容讲透，关注不同知识的广度与深度，应着力发展学生各方面的能力，也要求关注问题的形成和呈现方式是否符合科学思维，让学生主动通过分析资料信息，找出解决问题的方法。

还应重点关注实测难度与命题组的预测难度相差甚大的试题，如2023年中考第2题：

下列制造手机用到的材料中，属于有机合成材料的是（　　）。

A. 钛合金　　　　　　　　B. 硅晶体

C. 玻璃　　　　　　　　　D. 塑料

这道题命题组的预测难度应该在0.70至0.75，但实测难度只有0.54，出现这种情况的主要原因是教师的教与学生的学出现严重脱节。在实际教学中，教师潜意识认为材料分类是属于容易理解掌握的知识点，忽略了材料分类对于缺乏生活经验的初中生而言是难题。教师应基于学生的认知水平和规律对材料分类的标准和方法加以讲解和指导，而不是简单地让学生记住有机合成材料包含塑料、合成纤维和合成橡胶。

（三）轻情境素材的新颖性，重问题设计的对应性

精选情境素材，合理调控问题情境的复杂度。将原始素材改编为问题情境时，教师要根据学生的知识基础和活动经验基础优化素材的呈现方式，在遵循学生认知规律的前提下，根据题目的预设难度调整素材的陌生度和复杂度，与问题（任务）类型相匹配。作为一线教师不必过于重视试题情境素材的新颖性，"情境服务于问题"的命题特征要求每个设问都与情境有着良好对应关系，而所有问题的最终指向是考查学业质量的核心知识和核心素养的内容。

试题情境类型，按来源可分为：生活类、实验类、传统文化类、现代科技类、古代化学工艺类、科学研究类等。分析对比3年中考试题可发现：同一个学业质量的核心知识或学科核心素养的内容可以用不同的情境进行设问。一线教师在教育教学过程中应重视在真实背景中教授知识点，选取紧密关联化学学科内容的情境教学，确保情境的真实性、适用性和包容性，杜绝政治性和科学性错误，不必过于关注情境的新颖性。若过于关注情境素材的新颖性，鉴于自身认知水平，其真实性、科学性和包容性等无法得到保证，且需大量时间进行情境材料的选择和筛选。复习阶段选择习题时更多是关注习题情境与设问之间的关联性，应尽量避免习题情境的重复性和无效性，培养学生做到"以不变的知识点应对万变的试题背景"。

3年中考考查"化学式的意义和相关计算"采用的情境素材分别为：大蒜素（$C_6H_{20}S_2O$）、月壤中的$CaAl_2Si_2O_8$、硫辛酸（$C_8H_{14}O_2S_2$）、水（H_2O）、某茶多酚（$C_6H_6O_2$）、嫦娥石[$Ca_9NaMg(PO_4)_7$]。虽然中考试题中出现的情境素材比较新颖，但存在不确定性而无法预测，而教学过程中只需以几种常见物质如维生素C（$C_6H_8O_6$）为情境设计作业进行练习和讲解即可达到教学目标。

试题命制的核心是问题设计，引导教师探索问题导向的教学，研究指向问题解决的教学活动设计与实施，努力在分析、解决问题的过程中培养学生的核心素养。设计试题指向深度思维的问题，引导教师在教学中关注学生化学观念和科学思维的培养，探索彰显深度学习特征的教学设计和实施策略。

（四）轻学业质量的考查比例，重学业质量的整体水平

对比分析3年中考化学试题，新课程标准学业质量的核心知识点考查率分别为：2021年约为86%，2022年约为82%，2023年约为92%。从这一数据可以得到：中考试题所涉及学业质量的核心知识点超过八成。学业质量中所要求的核心知识点都出现在3年中考的化学试题中，可以有效降低教学焦虑，也可以有效指导教学。只要教学过程中能落实学业质量的核心知识，达到学业要求，学生

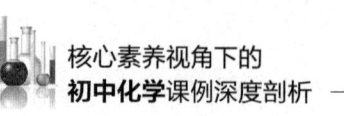

在中考时就不存在知识死角。平时教学过程中，教师要注重所教授知识的完整性和全面性，不能只注重重要知识点或知识难点的教授和讲解、练习。

分析试题难度时，分析的是全体学生的平均值，而不是单个学生的难度，对于每个学生个体而言，其难度具有独特性。例如：分析中考成绩都为90分的得分情况，其扣分的试题所涉及的学业要求的知识点不一定是所谓重点或难点，可能是很简单的知识点，但由于教师、学生的不重视而淡化其知识的形成过程和讲解分析。例如：2023年中考试题中推测嫦娥石的用途，这个问题的答案有非常多，其核心知识是质量守恒定律的应用：化学反应前后元素种类不变；化学反应可以实现物质转化。教学中教师与学生都将重点放在"元素种类不变"，而忽略了其前提"化学变化"是指物质间的相互转化，没有形成"在一定条件下通过化学反应可以实现物质转化"的化学观念。

（五）轻核心素养的考查比例，重核心素养的全面培养

坚持以核心素养为导向，积极探索与核心素养立意原则相匹配的试题设计。核心素养涉及化学观念、科学思维、科学探究与实践、科学态度与责任4个方面内容，其内容不是单一存在的，核心素养间存在很紧密的关联性和层次性。课程标准中指出全面培养学生核心素养的过程是：形成化学观念，解决实际问题；发展科学思维，强化创新意识；经历科学探究，增强实践能力；养成科学态度，具有责任担当。

"科学探究与实践"处于化学课程所要培养的核心素养的中心位置，"化学观念"既是化学探究与实践的内容载体，又是科学探究与实践在知识层面的探究成果；"科学思维"是学生在科学探究与实践中解决情境问题、形成科学结论的思维方式；"科学态度与责任"是学生通过科学探究与实践过程在态度、情感、价值观层面的体验和收获。在初中化学课程实施中，无论是设计教学目标，还是设计学习评价任务，都不能把化学课程所要培养的核心素养的几个方面"肢解"开应用，更不能对某一个教学目标、某一个评价任务贴上核心素养某一方面的"标签"。

2023年中考试题中第9题"根据实验证据进行的推理"，考查物质是由元素组成的化学观念；从化学视角研究物质及其变化规律的思路与方法的科学思维；以实验为主的科学探究能力；具有严谨求实的科学态度，敢于提出并坚持自己见解、勇于修正或放弃错误观点、反对伪科学的科学精神。

试题分析时不必过于关注核心素养的考查比例，而应在教学过程中重视核心素养的全面培养，聚焦核心素养发展的化学实验教学，充分关注学生实验操作能力的培养，关注通过观察和实验获取现象和事实、描述现象和事实、基于现象和事实分析推理得出结论的能力的培养，关注实验过程的体验和实验方法的学习。

四、启示

（一）探索教学改革，促进素养落实

课堂教学是发展学生核心素养的主阵地，教师应积极探索素养导向的教学，基于大概念建构，整体设计和合理实施大单元教学，重视"教—学—评"一体化，促进学生学科核心素养的落实。中考试题紧密联系真实生活的情境，引导教师探索基于情境的教学，在教学设计和实施过程中以开阔的视野引领学生关注社会、科技、文化等众多领域，帮助学生搭建知识世界与现实世界的桥梁，做到学以致用。教师积极探索学生高度参与的课堂，设计需要认真观察、分析、探索、实践和创造的问题，给学生提供观察、分析、探索、实践和创造的机会，使他们在亲身体验中养成习惯，收获能力，提升素养。

（二）精研课程标准，整合多版教材

课程标准是中考命题的唯一依据，是初中学业水平考试化学试题命题的依据，落实统一教学和学业考试的要求，突出新课程标准的指导地位。教师在日常教学中要精研课程标准，利用新课程标准指导教学，指导学业质量监测，指导试题编制和作业设计。

教材是化学课程内容的重要物化形态与文本素材，是实现化学课程目标的重要载体，是实施化学教学的主要资源。当下，初中化学教学正面临新课标

和旧教材不匹配的问题，更需要教师整合多版教材，尝试梳理出更符合新课程标准的知识框架和内容体系。以课程标准确定的目标要求为依据，强化基础知识，形成化学观念，拓展科学思维，培养实验技能，提升核心素养，突出化学知识与生活、社会、科技之间的联系。

（三）重视化学实验，开展实践活动

以实验为基础是化学学科的重要特征之一。新课程标准中对基本的化学实验技能、学生必做实验及实践活动、化学实验探究的思路与方法、科学探究的态度做了详细的规定，在教学中一定要认真践行。教师在教学中应高度重视和加强化学实验教学，通过完成学生必做实验，培养学生的实验基本技能；通过创新实验、改进实验和家庭小实验，激发学生学习化学的兴趣。教师利用课上和课余时间，开展跨学科实践活动，注重化学与语文、数学、物理、生物等学科的联系，引导学生亲身经历实验设计、装置制作、解决问题、创造价值的过程。

2023年中考化学试题中涉及的实验有：净水、氧气的制取与性质、二氧化碳的检测、整理实验室、燃烧与灭火、电解水、氢氧化钠是否变质、氢元素检测、铜与硝酸银溶液、结晶、自制酸碱指示剂、制取二氧化碳、钢铁防护的方法等。18道试题考查实验的有11道，这个比例彰显化学实验的重要性。这些涉及实验的试题需要学生阅读试题信息和图表，通过已有知识和实验经验进行思考、分析问题，然后组织语言进行作答。化学实验试题整体得分率不高的原因主要有：学生看不懂试题中的图表和信息，对试题中部分问题指向不理解不明确，导致答非所问；学生缺乏必备的实验技能和探究实践，没有实践经验，无法对实验现象进行准确描述和分析；答题时经常出现表达不完整、书写不规范的情况。教学中应加强培养学生的阅读能力，提高学生的读题能力；倡导"做中学""用中学""创中学"，积极开展科学探究活动；应加强规范学生文字表达能力。

参考文献：

［1］中华人民共和国教育部制定.义务教育化学课程标准（2022年版）［S］.北京：北京师范大学出版社，2022.

［2］邹国华，廖思彬，张贤金.情境服务问题 问题检测素养［J］.化学教学，2019（1）：79-80.

［3］吴星.全面提高学生义务教育化学课程所要培养的核心素养——《义务教育化学课程标准（2022年版）》解读（一）［J］.化学教学，2022（9）：7.

在教学实践中提升命题能力

命题能力是教师一项非常重要的专业能力，也是作为一名教师必须掌握的基本技能。但谈到命题能力的提升，很多老师首先会想到情境、立意、信度、效度、区分度、双向细目表等概念。其实，这些都属于命题的技术范围。命题水平的高低、试题质量的优劣，固然与命题的技术因素密切相关，但对我们许多一线教师特别是青年教师而言，命题能力的提升首先要考虑的并不是这些技术因素，而是自己命题的"基本功"，即非技术因素。命题的"基本功"要在平时的教学实践中得到巩固和提升。

一、从析题开始

很多教师想提高自己的命题能力，但不知从何入手。其实，这个问题很好回答：提升命题能力，从解题、析题开始。解题能力、析题能力和命题能力是环环相扣、层层提升的三种教师专业能力。

要提升自身的命题能力，从最平常的解题开始。在解题的过程中，不断地提升自己的解题能力、培养自己良好的题感，为自己命题能力的提升打下一个坚实的基础。

在解题的基础上，我们还要善于析题，提高自己的析题能力。试题的分析包括5个环节：分析试题的立意，即明确试题具体考查的知识、能力或情感态度价值观；分析试题的亮点和可完善之处，即试题好在哪里，哪些问题尚可改进；试题的拓展，即分析试题可做哪些拓展、延伸出哪些变式；分析学生答题中易出现的错误及原因；分析试题对教师的教、学生的学和平时的考的启示。从不同的层次、不同的环节对试题做出科学的分析，是命制高质量的试题的前提条件。

某校某次周考试题：

CH_4与CO_2在催化剂作用下可得到合成气（CO和H_2），反应过程中催化剂表面还同时存在积碳反应和消碳反应，原理如图1所示。其他条件不变，催化剂表面的积碳量随温度变化如图2所示。下列说法错误的是（　　）

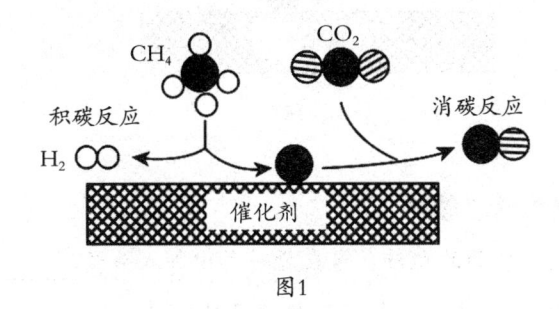

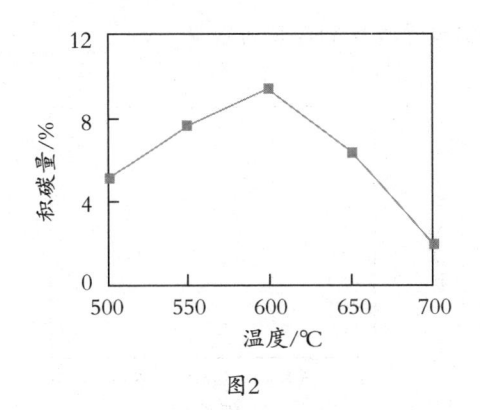

图1

图2

A. 积碳反应的化学方程式为：$CH_4 \xrightleftharpoons[]{催化剂} 2H_2+C$

B. 为减少催化剂表面的积碳，可在原料气中加入适量的氧气

C. 消碳反应的产物"●◎"是一氧化碳

D. 温度高于600 ℃，积碳量减少的原因可能是碳和二氧化碳在高温的条件下生成了一氧化碳

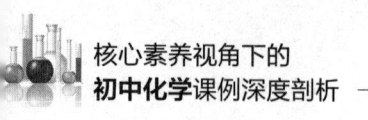

上述试题的改编者提供的标准答案为B。

上述试题是改编题，其题源是2023年苏州中考化学试题（节选）：

CH_4与CO_2在催化剂作用下可得到合成气（CO和H_2），反应过程中催化剂表面还同时存在积碳反应和消碳反应，原理如图1所示。

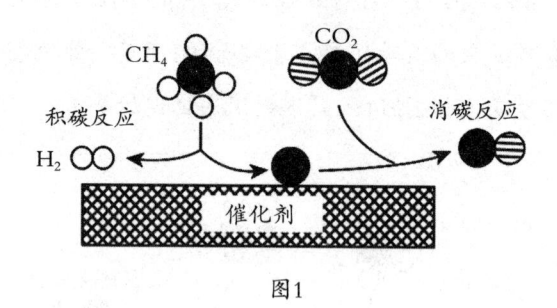

图1

① 消碳反应的产物"●◐"是_____。

② 为减少催化剂表面的积碳，可在原料气中加入适量_____气体。

③ 其他条件不变，催化剂表面的积碳量随温度变化如图2所示。温度高于600℃，催化剂表面积碳量减少的原因可能是_____。

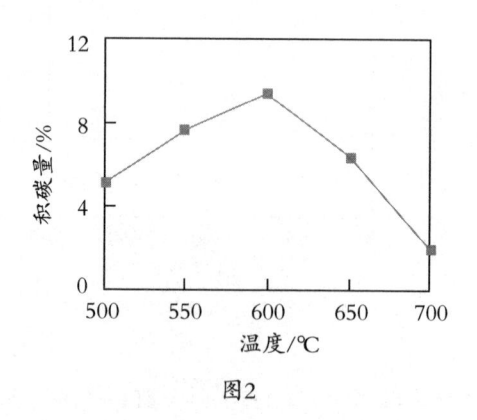

图2

2023苏州中考化学试题提供的答案为：

①CO；②氧气；③温度升高，消碳反应所消耗的碳的量多于积碳反应产生的碳。

对比之后，发现改编试题所提供的答案与中考试题的答案存在很大差异：

中考试题编者认为为减少催化剂表面的积碳，可在原料气中加入适量氧气，而改编者认为加入适量氧气是错误的；中考试题编者认为温度高于600 ℃，催化剂表面积碳量减少的原因可能是消碳反应所消耗的碳的量多于积碳反应产生的碳，而改编者认为原因可能是碳和二氧化碳在高温的条件下生成一氧化碳。

两道试题的背景是一模一样的，但答案却大相径庭。

改编者的理由：题目是要制备合成气CO和H_2，CO和H_2都可燃，不可以通O_2；按题给两图信息：消碳和积碳确实共存，但消碳反应是CO_2和C在600 ℃以上反应更多才使得积碳减少；而且题目不是根据苏州题编的，只需根据题给信息答题即可。

分析试题：苏州中考化学试题中可往原料气加入适量的氧气的原因，很多人认为甲烷、一氧化碳、氢气遇氧气会发生爆炸，苏州的命题教师一定也考虑到这一问题，因此特意加上"适量"两个字，加上适量的原因是考虑到爆炸极限问题。关于爆炸极限可以查阅上教版九年级化学教材第96页的相关内容。因此，苏州中考试题中原料气加入适量的氧气是正确可行的。另外，有的老师认为可加入二氧化碳与碳反应生成一氧化碳，这种说法是错误的，因为二氧化碳本身就是原料气的成分之一，往原料气（含二氧化碳）中加入适量的二氧化碳，这种说法明显是不正确的。关于其他条件不变，温度高于600 ℃，催化剂表面积碳量减少的原因：试题中所给的信息"同时存在积碳反应与消碳反应"，那么积碳量的减少是两者相互抵消的结果，而不仅仅是碳和二氧化碳在高温的条件下生成了一氧化碳所能达到的结果，而应该是消碳反应所消耗的碳的量多于积碳反应产生的碳的最终结果，其目的是考查学生辩证思维。

"汝果欲学诗，功夫在诗外"（陆游）。试题的背后是教师对学科知识的认识水平，改编需谨慎。

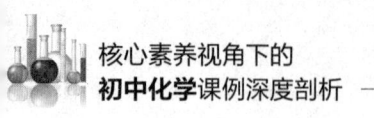

二、在模仿中创新

有些老师认为：要培养和提高自己的试题命制能力，就要从原创试题开始。其实，原创试题的要求是非常高的，而且难度也很大，一开始就定位于原创试题并非明智的选择。要提升自己的命题能力，需要正确处理好模仿、改编与创新之间逐步推进的关系，学会在模仿改编中创新。

模仿是最基本的一种命题方式，是教师命题实践迈出的第一步。一旦我们在教学实践中觉得某个题目不错，便可以进行模仿：模仿它的表述方式，模仿它的选材技巧，模仿它的设问策略，模仿它的答案要求等。当然，模仿并不是一个简单的照搬和机械的复制过程，而是一种积极思考、主动创造、消化吸收的能动过程。通过模仿，不但可以实现对不同知识点的考查，更可在模仿的过程中，领会命题的思路，掌握命题的技巧，提升命题的能力。

在模仿的基础上，可对试题做进一步的改编工作。从具体的意图看，改编可分为两种：一是"去粗取精"式的改编，即对某一具体试题，如果我们觉得在某些方面存在问题，或尚有可完善之处，我们就可通过对它的改编，让试题变得更完美；二是"由此及彼"式的改编，即某一试题本身没有问题，且又有较多利用空间，我们便可对它从不同角度进行挖掘，从这个题目延伸出其他题目来。通过对题目的改编，一方面可以充分利用原题的资源，发挥原题的作用；另一方面又可以通过变式训练对学生起到举一反三、触类旁通的作用；更为重要的是，通过改编更能开阔我们命题的思路和视野，提高我们命题的能力和水平。

在2023年广东省大湾区高考化学模拟试题（节选）：

Ⅲ.探究溶液浓度对反应速率的影响

在相同温度下，按下表中的体积将0.1 mol/L $Na_2S_2O_3$溶液和0.1 mol/L H_2SO_4溶液与蒸馏水混合，并采集反应后浑浊度传感器数据。……

实验标号	V（$Na_2S_2O_3$）/mL	V（H_2SO_4）/mL	V（蒸馏水）/mL
A	1.5	3.5	10
B	2.5	3.5	9
C	3.5	3.5	8
D	3.5	2.5	9
E	3.5	1.5	10

对上述高中化学试题进行改编：将试题中的0.1 mol/L进行换算，查阅相关数据，根据$c=1000\rho\omega/M$公式计算出0.1 mol/L $Na_2S_2O_3$溶液的溶质质量分数约1.5%、0.1 mol/L H_2SO_4溶液的溶质质量分数约为1%；改变提问方式，将原来的填空题改为选择题，以大大降低试题的难度；改变试题考查的重点，以考查控制单一变量法为主。

改编后的初中化学试题如下：

为探究溶液浓度对反应速率的影响，在相同温度下，按下表中的体积将1.5%$Na_2S_2O_3$溶液、1%H_2SO_4溶液与蒸馏水混合（原理为$Na_2S_2O_3+H_2SO_4$══$Na_2SO_4+S\downarrow+SO_2\uparrow+H_2O$）。采集反应后浑浊度传感器数据，浑浊度随时间变化曲线如下图。下列说法不正确的是（　　）。

实验标号	$Na_2S_2O_3$溶液的体积/mL	H_2SO_4溶液的体积/mL	蒸馏水的体积/mL
①	1.5	3.5	10
②	2.5	3.5	x
③	3.5	3.5	8
④	3.5	2.5	9
⑤	3.5	1.5	10

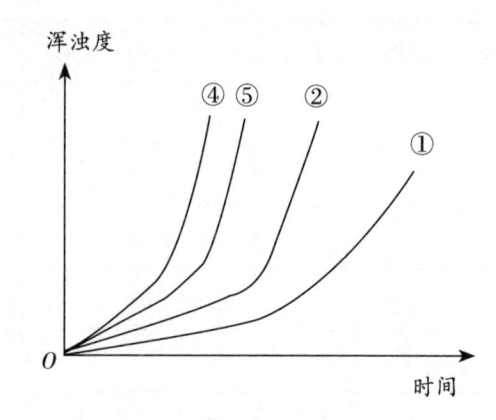

浑浊度与时间关系图，曲线从左到右依次为④⑤②①

A. 实验②中 $x=9$

B. 实验③④⑤可探究 H_2SO_4 溶液浓度对反应速率的影响

C. 实验③变化曲线在上图中处于实验②⑤曲线之间

D. $Na_2S_2O_3$ 溶液浓度的改变对反应速率的影响更大

试题分析：

A. 根据控制变量原则，每组反应液体总量应为 15 mL，故第②组加入蒸馏水应该为 9 mL。

B. ③④⑤三组反应物 $Na_2S_2O_3$ 含量一致，变量为 H_2SO_4 溶液，因此可以通过对比得出结论。

C. 由③组的数据可知，其 H_2SO_4 含量比④组中 H_2SO_4 含量高，因此反应速率更快，所以曲线③应该在曲线④之前。

D. 对比曲线①②和曲线④⑤的变化情况可知，曲线①②变化更大，因此 $Na_2S_2O_3$ 溶液浓度的改变对反应速率的影响更大。

答案为C。

本题难度稍大，需要利用控制变量的实验方法，结合表格数据和曲线变化情况进行综合判断。教学中应注意提升学生对图表的综合分析能力。

学会模仿，善于改编，"站在巨人的肩膀上"，造就一个较高且坚实的"基础"。

三、在研究中提升

提升命题能力，需要我们研究教材和义务教育化学课程标准。相对于课堂教学而言，命题对教师研究教材和课标提出更高的要求。无论是从微观的精度，还是宏观的高度，也无论是思想的深度，还是情感的厚度，命题者都应该比一般的课堂教学执行者站得更高。能上好课的教师，不一定能命制出精彩的好题，但能命制好题的教师，都能上出精彩的好课。提高命题能力，不仅要对教材的知识及其要求烂熟于心，还需清楚教材知识背后的核心素养、能力、思维等；不仅要正确把握教材的重点、难点、易错点，更要熟练把握突出重点、突破难点、理清易错点的策略和技巧。研究教材与课标的深度决定着教师命题质量的高度。

坚持以核心素养为导向，积极探索与核心素养立意原则相匹配的试题设计，创设真实情境，提高探究性和综合性试题的比例，实现对核心素养导向的义务教育化学课程学业质量的全面考查。

下面试题选择探究人体呼出的气体与空气组成的差别，重点考查的核心素养有实验探究、数据分析、变化观念、平衡思想、证据推理等。

2021年泉州质检化学试题：

为探究人体呼出的气体与空气组成的差别，按图1所示进行实验，将呼出气体吹入食品保鲜袋内（袋内含空气），采集二氧化碳、水蒸气、氧气的体积分数如图2所示〔纵坐标均为某气体体积分数（%），横坐标均为时间（s）〕。

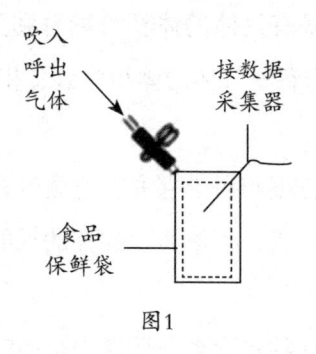

图1

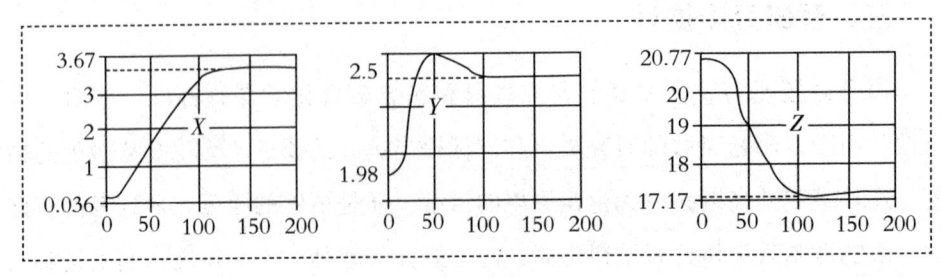

图2

下列说法错误的是（　　）。

A. 呼出的气体中氧气的体积分数约为17.17%

B. 曲线Y在60 s至100 s下降是由于水蒸气液化

C. 实验过程中二氧化碳的体积分数变化最大

D. 实验过程中氮气与稀有气体的体积分数总和不变

试题解析：理解实验探究的目的和过程，对试题中的3个坐标图进行深入分析可知：X、Y、Z分别是二氧化碳、水蒸气、氧气的体积分数的变化曲线。

A. 根据Z曲线可知呼出的气体中氧气的体积分数约为17.17%。

B. 曲线Y在60 s至100 s下降是由于水蒸气液化

C. 实验过程中二氧化碳的体积分数变化最大。变化最大是因为二氧化碳的体积分数由0.036%变到3.67%，大约为原来的100倍。若学生只是按变化的差值（这种方法不正确）考虑二氧化碳增加了3.634%也是最大的。

D. 实验前氮气与稀有气体的体积分数总和为1-0.036%-1.98%-20.77%=77.214%；实验后氮气与稀有气体的体积分数总和为1-3.67%-2.5%-17.17%=76.66%，实验过程中氮气与稀有气体的体积分数总和是有变化的。

故答案为D。

该题主要考点有实验方案与科学探究、实验过程与图像的分析、实验数据的处理和分析。本题难度较大，理解实验探究的目的、过程和正确分析数据是解答本题的关键。

一个好的试题背后，往往蕴含着命题者大量的时间和心血，也凝结着命题者很多研究的心得和专业的智慧，其背后也许有太多太多的东西值得我们去寻找、去揣摩。学习、研究是教师提升自己命题能力的必经之路。

四、在积累中突破

试题命制能力的提升是不可能一蹴而就的。命题是需要智慧和灵感的，而智慧生长和灵感爆发离不开积累。一旦有好的新的情境材料，就要思考这个材料是否可以命制试题，可以命制怎样的试题；哪怕是看到一个好的或者不好的试题，也可思考这个试题可做怎样的改编使之成为好题；在思考的基础上，立即动手编制题目。通过日积月累，命题能力就会随着题库里的原创试题数量的增加而不断得以提高。

命题能力作为教师的一项专业能力，是不可能从别人的说教中形成和发展的。命题能力只能在自己的实践和感悟中才能不断得到提升。教师命题能力的提升还需经验的积累。经验的积累需要反思。应当把命题过程拉长，即命题结束以后，甚至考试结束以后，再回过头去对试题的命制做出评估，包括对教材和课标的理解是否达到应有的水平、情境材料的选择和裁剪是否科学合理、命题的策略和技巧运用是否恰当、试题与学生学情的结合度是否到位、命题中存在的问题及可进一步改进的地方等。在这个反思的过程中，更好地总结经验、吸取教训、扬长补短，使自己的命题能力得到充足的提升。

2023年泉州质检化学试题：结构决定性质，性质体现结构。

（1）图1、图2分别为氯原子和溴原子的结构示意图，两者具有相似的化学性质。则图2中$n=$_____；两者在化学变化中均易_____（填"得"或"失"）电子。

（2）图3中依次是金刚石与石墨的结构模型。两者物理性质存在差异的原因是_____（填微粒名称）排列方式不同。

（3）氯化铵和硫酸铵都含有_____（填离子符号），因此都属于铵盐。

（4）过氧乙酸（$C_2H_4O_3$）的结构模型如图4所示，含有"过氧键"结构

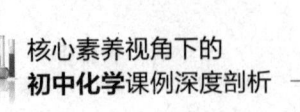

（如图虚线方框部分）的物质都具有杀菌消毒作用。过氧化氢也常用作杀菌消毒剂，据此画出过氧化氢的结构模型图：_____。

过氧乙酸易分解生成乙酸（$C_2H_4O_2$）和氧气，该反应的化学方程式为_____。

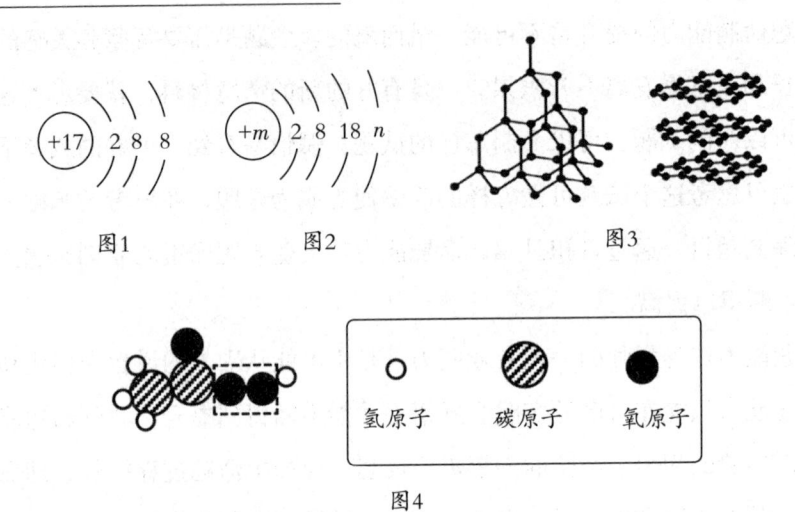

图1　　图2　　图3

图4

考点：原子结构示意图；原子化学性质；结构决定性质；物质分类观；离子符号书写；利用示意图进行建模并书写化学方程式。

解析：

（1）通过原子化学性质相似推断$n=7$，根据原子最外层电子数可知两原子均易得电子形成稳定结构。

（2）金刚石和石墨均是由碳原子构成的单质，因原子排列方式不同导致物理性质差异。

（3）根据两种化合物的名称判断两者都属于铵盐，含有铵根离子，写出铵根离子的符号。

（4）本题可根据文字提示和分子中原子结构，判断过氧化氢的结构应该和图片中"过氧键"有相似结构，并且根据分子中的原子个数判断并画出模型为

五、小结

命题是最日常的教学反馈与评价，是最关键的教学反馈与评价，是最便捷的专业成长途径，是最显性的专业成长抓手。试题的背后是教师对学科知识的认识，是教师对中考的把控，是教师对学情的认识，是教师对教材内容的处理，是教师对课程标准的理解等。

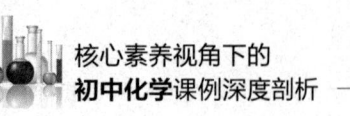

化学试卷讲评课的教学策略

美国学者梅里尔·哈明在《教学的革命》一书中指出，鼓舞人心的课堂辉映着学生最健康、最富有成效的五种品质——尊严、活力、自我管理、集体感、意识。在教学实践中教师应不断进行反思、改进，强化课程意识，实现真正意义上的教学觉醒。教学策略是为达成教学目标而采用的一整套比较灵活的教学行为，它是教师在教学实践中依据教学的计划、学生的身心特点对教学原则、教学模式、教学方法的一种变通性的应用。教学策略是在教学规律的指导下，教师根据特定的教育、教学情境对教学原则、教学模式、教学方法的变通使用，它的稳定性相对来说不足，而更具有灵活性。

试卷讲评是初中化学课堂教学的重要组成部分。讲评要有针对性，要在内容和学生系统分析后选择重点讲评。讲评要分析思路和归纳方法（分析正确和错误的原因，分析怎样组织正确的思路，总结同类题解题方法），讲评要在重点内容上延伸和拓展（其他解法、题目归类、联系和变形等）。讲评在必要时要有强化训练。积极高效的化学试卷讲评，不仅能纠正学生在平时化学学习中对某些知识点的错误认识和理解，还能规范解题方法、熟练技巧、查漏补缺，同时也能发展学生思维，提高学生分析和解决问题的综合能力。

现实教学中化学试卷讲评课"高效精彩"的不多，"低效乏味"的不少——没有重点，面面俱到，从第一题详细分析到最后一题，教师讲得头头是道，学生听得索然无味，典型的"满堂灌"；课前没有充分准备，进了课堂拿起试卷就讲，无的放矢，信口开河，想到哪儿讲哪儿，讲到哪儿算哪儿，一节课下来，学生和教师自己都不知道讲了些什么，典型的"放羊式"；蜻蜓点水式地对对正确答案，不讲解题的思路、方法和技巧，学生知道答案是什么，但不能理解为什么，严重阻碍了学生创造性思维的发展，典型的"填鸭式"。

课堂上要把教师的"独角戏"变成师生的互动，让课堂活跃起来，激发学生学习的兴趣，让学生真正成为学习的主人。全面落实现代课堂教学理念，把课堂的主体地位还给学生，使学生成为课堂的真正主人。让学生不再是被动地接受知识，而是主动地、生动活泼地学习和发展，使学生的主体作用得到充分发挥。在课堂上，让学生当主角，教师当导演，在教师的精心策划下，从教学设计、教学程序的进展到形成准确的结论，教师起的只能是调节引导的作用。

下面笔者结合自身教学实际，谈谈化学试卷讲评课中教师"教"的策略和学生"学"的策略。

一、教师"教"的策略

（一）课前准备

化学试卷讲评课的课前准备工作主要有命题、做题、阅卷。

命题：要注重对重点基础知识的考查，突出化学的基础性；基础知识、基本技能、基本方法是考查重点，试题要"稳中求变，变中求新"。试题要突出能力考查，要更加新颖、灵活多变，问题情境的设置要具开放性和创新性，关注学生的信息处理和知识迁移能力的考查。注重探究能力和学习方法的考查，关注学生知识体系形成的过程。

做题：每次学生考试之前，教师都应仔细将试卷完整地做一遍，通过做试卷，深入了解试卷中考查的主要知识点及其对学生的能力要求、命题的难易程度、试卷结构和各类题型的比例、开放性试题多元答案等内容，同时预测学生可能出现的错误。

阅卷：要认真、及时批阅试卷，在阅卷过程中全面了解学生的答题情况。注意发现学生在答题中存在的共性问题，分析问题的产生原因，重点关注学生

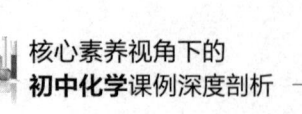

在哪些知识和能力上还不到位，找准学生现状与课程目标之间的差距，讲评时才能对症下药。

（二）统计分析

试卷的统计工作主要做好以下几个方面：试卷得分的统计，包括最高分、最低分、平均分及每题得分率；知识点分布及得分率的统计；学生错误类型的统计，包括基础知识（如：基本概念不清楚、基本原理不理解、实验技能没掌握、双基识记不牢靠等）、能力因素（如：看不懂题目或审题不清、不会分析问题或分析问题不到位、语言表达不准确、计算能力差等）、解题技巧（如：答题不规范、卷面不整洁、化学用语不科学等）、临场心理因素等。同时，对学生在答题中出现的错误率较高的问题、典型错误答案以及有创意的解法，做必要的记录。通过统计，教师可以大致了解学生对各类知识的掌握程度，以便确定讲评的重点和难点。

（三）及时讲评

每次考试结束之后，学生都急切地想知道自己的分数以及自己答题过程中存在的一些模糊甚至困惑问题的准确答案。这个时候，学生的学习动机、求知欲望最为强烈，试卷讲评因此具备了发挥其强化功能的物质基础。因此，试卷讲评应突出时效性，以便充分利用学生对问题在头脑中的记忆表象，及时纠正错误，提高讲评课的效果。

（四）突出重点

试卷讲评一般不侧重于知识的系统性，而是强调其针对性。试卷讲评不必也不能面面俱到，而应重点解决一些比较突出的问题，给学生的答题指点迷津，同时深化试卷所考的内容。有了课前详细的数据统计，我们不难发现学生中存在的典型错误问题，教师应对这些问题进行"归类"和"归因"，以触类旁通、举一反三等形式有重点地进行分析讲解。试卷讲评过程中对试卷内容的分析也不能仅仅停留在知识点的讲解上，更应重视提高能力。注重引导学生自己总结分析错误的原因，教师评析时应针对学生的具体实际，重视解题思路、解题方法和解题技巧的指导，突出对学生的审题能力、分析问题和解决问题的能力、语言表达能力、知识迁移能力等的培养。

例题：

某工厂的废气含有N_2、CO、NO、CO_2、SO_2及粉尘，化学兴趣小组设计如下流程处理该废气（假设流程中每一步均完全反应，处理过程中N_2没有发生变化）。

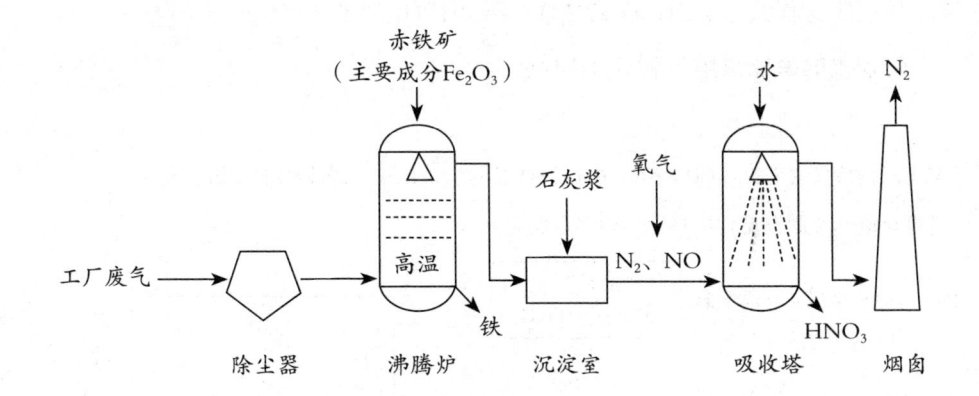

查阅资料：①石灰浆为氢氧化钙的悬浊液；

②SO_2的化学性质与CO_2相似。

（1）沸腾炉中Fe_2O_3转化为Fe的反应＿＿＿＿（填"属于"或"不属于"）置换反应。

（2）沉淀室吸收的气体是＿＿＿＿。

（3）吸收塔中，水从顶端喷淋注入，喷淋的目的是＿＿＿＿。若吸收塔内发生化合反应，则该反应的化学方程式为＿＿＿＿。

试题解析：

试题以工业流程中混合气体除杂为背景，多角度考查物质间反应的相关知识点。

（1）工厂废气经除尘器，进入沸腾炉的气体为N_2、CO、NO、CO_2、SO_2，沸腾炉中Fe_2O_3与混合气体中的CO反应，其化学反应方程式为$Fe_2O_3+3CO\xlongequal{\text{高温}}2Fe+3CO_2$，该反应不属于置换反应。

（2）经沸腾炉反应后的剩余气体为N_2、NO、CO_2、SO_2，沉淀室中反应物为

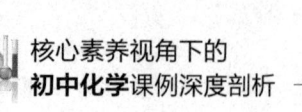

石灰浆，根据资料信息，石灰浆为氢氧化钙的悬浊液且SO_2的化学性质与CO_2相似，故沉淀室能吸收的气体是CO_2、SO_2。

（3）进入吸收塔的气体为N_2、NO和O_2，根据烟囱最后排出气体为N_2且处理过程中N_2没有发生变化，可知吸收塔是用水吸收NO和O_2，水从顶端喷淋注入，喷淋的目的是增大水与NO和O_2的接触面积，提高吸收效率；该反应为化合反应，故反应方程式：$4NO+3O_2+2H_2O === 4HNO_3$。

呈现出的试题讲解过程如图1所示。

某工厂的废气含有N_2、CO、NO、CO_2、SO_2及粉尘，化学兴趣小组设计如下流程处理该废气（假设流程中每一步均完全反应）。

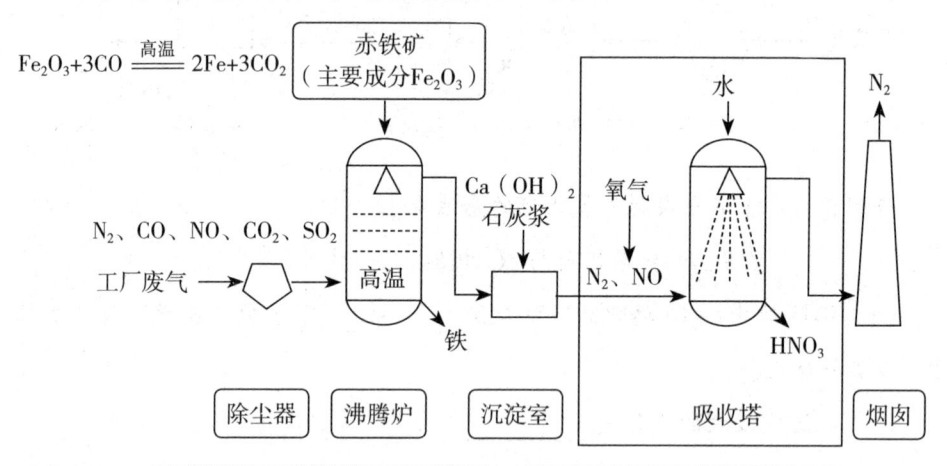

查阅资料：①石灰浆为氢氧化钙的悬浊液；②SO_2的化学性质与CO_2相似。

（1）沸腾炉中Fe_2O_3转化为Fe的反应不属于（填"属于"或"不属于"）置换反应。

（2）沉淀室吸收的气体是CO_2、SO_2　　$Ca(OH)_2+CO_2 === CaCO_3\downarrow +H_2O$

（3）吸收塔中，水从顶端喷淋注入，喷淋的目的是增大反物间的接触面积，提高吸收效率；若吸收塔内发生化合反应，则该反应的化学方程式为$2H_2O+4NO+3O_2 === 4HNO_3$

图1　工艺流程题讲解案例

重要题型有鉴别除杂、图像坐标、工艺流程、物质推断、实验探究等，讲评时应注重培养学生解题思路：

（1）读题：题目中关键的词语（实验目的、查阅资料、老师提示等）。

（2）找到突破点：实验装置、操作、现象、化学方程式、图像等。

（3）理清实验目的、实验操作、实验现象、实验结论之间的关系。

（4）针对实验异常、实验误差对实验进行改进、创新、拓展。

（5）分析实验数据、实验现象得出实验结论。

（五）全面拓展

初中化学中的主要知识点是相对稳定的，而不同考试的试题却不断推陈出新，其主要原因是受考试层次、考试时间等因素的限制，试卷不可能涉及所学知识的全部，命题人往往通过变换题意、角度、题设条件和设问方式等，以点带面来考查学生的知识和能力。显然教师试卷讲评时就题论题的做法是不可取的。教师应站在更高的角度来审视试题，把题目的知识点向广度和深度上加以延伸、拓展，尽可能地构建知识间的广泛联系，从"点"出发，把"面"带出来呈现给学生。也可以把原题中涉及的知识点向多侧面、广角度进行合理发散、变换，引发设题解题的积极性，拓展学生思维的空间，培养学生思维的敏锐性。

二、学生"学"的策略

（一）主体作用

课堂以"一切为了每一位学生的发展"为最高宗旨和核心理念。化学试卷讲评课也应体现这一核心理念。提前一天将要讲评的试卷发给学生，让学生自己先独立纠错。课堂上将全班学生分成若干个学习小组（一组5～6人，成绩好、中、差搭配），学生自主改正以后仍不能解决的问题在小组内进行讨论、交流，向其他同学请教学习。鼓励答题正确的同学将自己的解题思路、方法讲给本组答题错误的同学。对于经组内讨论分析后仍存在疑惑或无法解决的共性问题，由组长整理后进行汇报，教师统筹。对各组提交的问题，其他小组已经讨论解决的，请该组代表进行讲评，都不能解决的或分析不清的最后由教师讲

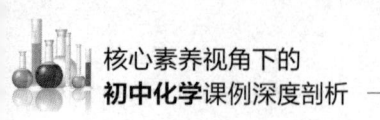

评。这一做法充分调动了学生的积极性，不但主讲的同学积极主动，听的学生也很专注。同时，学生间接近的思维方式使得听者更容易接受，主讲的同学也得到了一个绝佳的锻炼机会。教师还应重点关注一些生成性问题，适时进行补充、完善、引导、拓展，给学生提供完整、简练、规范的答案。

（二）强化巩固

试卷中所反映出的问题绝大多数都是学生的薄弱环节，多数是教学中的难点和重点，通过教师的一次讲评，学生不大可能完全掌握。因此，试卷讲评以后，教师还要注意收集学生的反馈信息。为此每节试卷讲评课前，针对本节课中讲评的重难点内容以及学生答题易错点设计成变式训练题，在试卷讲评后预留部分时间让学生当堂独立完成，以期达到反复、及时强化所学知识、巩固讲评效果的目的。

比如部分学生对化学式的计算及其含义经常出现错误，可进行如下变式训练。

变式1：

天然大茴香脑（$C_{10}H_{12}O$）可用作牙膏香料。关于天然大茴香脑说法不正确的是（　　）。

A. 由3种元素组成

B. 碳元素与氢元素的质量比为12∶1

C. 相对分子质量为148

D. 碳元素的质量分数最大

变式2：

第24届北京冬奥会的冰上运动场馆外墙，铺设的是新型塑料聚氟乙烯 $[(C_2H_3F)_n$，n为正整数]。下列关于聚氟乙烯的说法错误的是（　　）。

A. 由碳、氢、氟三种元素组成

B. 相对分子质量是46

C. 碳元素与氢元素的质量比为24∶3

D. 碳元素的质量分数最大

变式3：

"夜深知雪重，时闻折竹声"（白居易）。苯的结构式与雪花相似（如图所示），下列关于苯的说法不正确的是（　　）。

A. 苯的化学式为C_6H_6

B. 苯的相对分子质量为78 g

C. 苯中碳元素与氢元素的质量比为12∶1

D. 156 g苯中含有12 g的氢元素

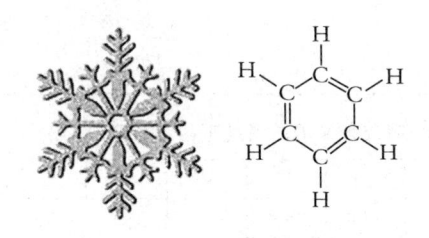

上述变式试题呈现一定的梯度，由易到难，逐步提升学生的解题思维能力。

（三）自主反思

对于部分学生"一听就懂、一丢就忘"的现象，经过与学生交流发现，学生缺少对解题的自主反思是导致这一现象的主要原因。因此，试卷讲评课后，要求学生将自己的典型错题摘录在错题集上，注明正确答案和简要的解题思路。同时，引导学生做"题后小结"和"题后反思"（错题集右侧专门留白用于记录）。反思的内容主要包括：对错题所涉及的知识点的反思，同一知识点还可以以何种形式呈现和考查，对比做过的同类试题和练习，进行小结；对所用解题方法、解题技巧的反思，特别是一些重点试题是否还有其他解法？对于多种不同求解方法，哪种方法更好？同类题型试题一般的解题思路是什么？所用解题方法中有无规律可循？通过反思，进一步强化解题能力，提高解题效率；对错误原因的反思：是知识缺陷、能力不足还是非智力因素的影响（如答题方法、书写规范、应试心理调控、答题时间的合理安排等），及时整理，以提高明辨是非的能力。乐于反思、善于反思才能同化和深化对问题的理解，提高解题的效率。

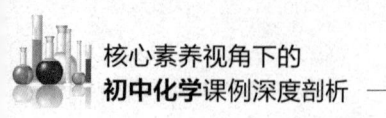

例如下面试题中,学生比较难以理解的是计算第④小题a点溶液中溶质的质量。其解题思路为:由表中数据可知50 ℃时氯化钠的溶解度为37.0 g,再分析试题中图2图像,由a点对应横纵坐标可知,该溶液恒温蒸发23.0 g水,溶液质量减少(160.0−137.0)g,即23.0 g,a点又为曲线拐点,故a点对应溶液为该温度(50℃)下的饱和溶液,其溶质质量为$137 g × \dfrac{37 g}{100g+37 g} × 100\% = 37.0 g$。

学生在教师讲解试题过程中应详细记录笔记,为学习反思提供资料。其笔记内容如图2所示。

下表是氯化钠和硝酸钾在不同温度下的溶解度

温度/℃		0	10	20	30	40	50
溶解度/g	NaCl	35.7	35.8	36.0	36.3	36.6	37.0
	KNO$_3$	13.3	20.9	31.6	45.8	63.9	85.5

① 20 ℃时,硝酸钾的溶解度为31.6 g。
② 使接近饱和的硝酸钾溶液转化为饱和溶液,采用的一种方法是 降温。
③ 分析上表可知 溶解度受温度影响变化较大的物质是KNO$_3$。
④ 50 ℃时,将160.0 g一定质量分数的氯化钠溶液恒温蒸发,溶液的质量随蒸发水的质量 变化关系如图所示 则a点溶液中溶质质量为 37.0 g。

m(饱和溶液)= m(溶剂)+ m(溶质)
　　100 g+S　　　100 g　　　S
　　137.0 g　　　100 g　　　37.0 g

图2　试题讲解时学生应记录的笔记范例

总之,教师"教"的策略与学生"学"的策略必须互相配合,共同发展,才能高效地上好化学试卷讲评课。

化知识点为试题　学知识点以解题

——初中化学学科中考复习学案的编写

福建省中考化学试题遵循：构建德智体美劳全面发展的内容体系，关注社会主义核心价值观，关注化学学科核心价值的引领培养；引导初中化学教学落实立德树人根本任务，着力在学科思政与学科德育方面设置试题背景和考查内容，体现学科德育的要求；以化学知识为工具开展化学思想方法、关键能力和核心素养的考查，体现学科智力的新要求；体育方面，选择体育与健康素材，考查化学知识在体育运动中的应用；美育方面，从物质美和微观结构美等视角让学生感受化学美；劳动教育方面，通过生产劳动场景的呈现，让学生体会化学知识在工农业生产及日常家务劳动中的应用。

以真实情境命题，考查学生解决问题的能力。中考化学试题情境有：学生的学习情境、生活情境、实验探究情境、工农业生产情境、科学研究情境等。通过精心创设情境优化问题设计，以学科关键能力为基础，重点考查学生解决真实问题的能力。导向初中化学教学，积极探索基于真实情境、问题导向、深度思考、高度参与的教学模式。

中考复习阶段的教学模式是初中化学教学的重要组成部分，采用复习学案的复习模拟可起到事半功倍的学习效果。初中化学学科中考复习学案的每个专题包含知识详解、巩固练习和对接中考。

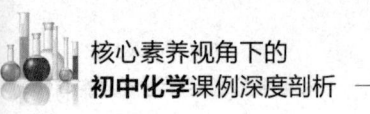

一、知识详解的编写及使用

知识详解的编写过程包括钻研和解读课程标准、九年级化学教材（包含上教版、科教版、人教版等）；提炼一级主题、二级主题和主题内容；将主题内容转化为知识要点；将知识要点分解为知识详解；化合知识详解，构建思维导图。

下面以一级主题"物质的性质与应用"中的二级主题"金属与金属矿物"为例介绍知识详解的编写。

主题内容：知道大多数金属在自然界中是以金属矿物形式存在的，体会化学方法在金属冶炼中的重要性；知道金属具有一些共同的物理性质，通过实验探究等活动认识常见金属的主要化学性质及金属活动性顺序；知道在金属中加入其他元素形成合金，可以改变金属材料的性能；了解金属、金属材料在生产生活和社会发展中的重要作用；以铁生锈为例，了解防止金属腐蚀的常用方法；了解废弃金属对环境的影响及金属回收再利用的价值。

知识要点及知识详解：

考点详解：（学生必做实验：常见金属的物理性质和化学性质）

考点一　金属的物理性质及存在

1.（上册P114）金属所具有的物理性质及其用途：（性质与用途应相互对应）

① 大多数金属具有银白色金属光泽，少数有特殊的颜色（如：金呈黄色，铜呈_____色）。铁是银白色的金属，但是，铁粉却是_____色。

② 金属有良好的_____、_____性，例如：铁可以制成铁锅，铜、铝可以制成导线。

③ 金属具有良好的_____性，例如：黄金可以制成金箔和拉成金丝。

④ 金属的熔点差异很大，熔点最高的金属是_____，常温下呈液态的金属是_____。

2.（上册P123）自然界中，除极少数不活泼的金属（如_____、_____、Pt等）有单质存在外，其他大多数以_____存在。金属化合物在自然界中以矿物形式广泛存在。

3.（上册P123）常见的铁矿石有磁铁矿（主要成分是Fe_3O_4，下同）、赤铁矿（＿＿＿）、菱铁矿（$FeCO_3$）等。铜的矿物主要有孔雀石［主要成分是$Cu_2(OH)_2CO_3$］等。

考点二　常见金属的化学性质（上册P115～116）

1. 金属+氧气→金属氧化物

铁丝在氧气中燃烧：＿＿＿＿＿＿＿＿＿＿（用化学方程式表示）；

铜片在空气中加热：＿＿＿＿＿＿＿＿＿＿（用化学方程式表示）。

2. H前的金属+酸→盐+$H_2\uparrow$

铁钉放入稀盐酸中发生的化学反应方程式：＿＿＿＿＿＿＿＿＿＿。

反应现象：①铁钉表面产生大量的＿＿＿＿＿＿；②溶液由无色变成＿＿＿＿＿色。

3. 金属+盐→新盐+新金属

"湿法炼铜"原理（用化学方程式表示）：＿＿＿＿＿＿＿＿＿＿。

反应现象：①铁钉表面有＿＿＿＿＿＿＿＿＿＿析出；②溶液由＿＿＿＿＿色变成浅绿色。

考点三　铁的冶炼（上册P124～125）

1. 原理：在高温下，利用焦炭与氧气在高炉反应中生成的CO把铁从铁矿石里还原出来。

化学反应方程式为：＿＿＿＿＿＿＿＿＿＿。

2. 原料：铁矿石、焦炭、石灰石和空气。

设备：炼铁高炉。

3. 用CO还原氧化铁的过程：

在实验过程中，反应开始前应先通入CO，再加热氧化铁，其目的是将玻璃管中的＿＿＿＿＿＿＿＿＿＿排出，防止加热时可能爆炸；加热氧化铁，当红棕色粉末变成黑色粉末时，实验结束，应先停止加热并继续通入CO至室温，以防止生成的炽热的铁被空气中的＿＿＿＿＿＿＿氧化。生成的黑色粉

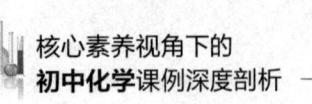

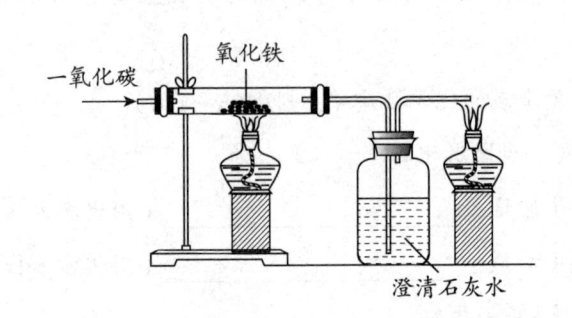

末能被_____吸起，说明生成的物质是铁；澄清石灰水变浑浊，说明有_____生成。

4. 尾气处理：因为CO气体具有_____性，为防止_____，必须进行尾气处理，其方法是：将尾气_____（或将尾气收集到气囊中）。

考点四　金属材料（上册P117～119）

1. 金属材料 { 纯金属; 铁合金 { 生铁; 钢 }; 其他合金：铝合金、武德合金 }

2. 生铁的含碳量为2%～4.3%，钢的含碳量为0.03%～2%。含碳量：生铁_____钢。

生铁：坚硬，韧性差。钢：较硬，有韧性，有良好的延展性和弹性，机械性能好等。

3. 生铁炼成钢的原理：降低生铁中的_____。

4. 合金是由一种金属跟其他金属（或非金属）熔合形成的有金属特性的物质。

合金与纯金属相比，合金的强度和硬度一般比成分金属_____，机械性能也更好；多数合金的熔点_____于成分金属。

考点五　铁的锈蚀及其防护（上册P127～129）

1. 铁生锈的条件是_____。铁锈的主要成分是Fe_2O_3，颜色为红棕色。

2. 铁锈的结构为_____，不能阻碍里层的铁继续与氧气、水蒸气反应，因此铁制品可以全部被锈蚀。铁锈应及时除去，一般用_____去除铁锈，其反应的化学方程式是_____。而铝与氧气反应能生成一层_____薄膜，从而阻止铝进一步被氧化，因此，铝具有很好的抗腐蚀性能。

3. （上册P128）防止铁制品生锈的方法。

① 在铁制品表面覆盖保护层，使铁制品隔绝_____，例如：刷油漆、涂油、电镀、烤蓝。

② 保持铁制品表面_____；不与酸等腐蚀性强的物质接触。

③ 改变铁的组织结构，制成合金钢，如不锈钢等。

考点六　金属资源的保护和回收利用（上册P129）

1. 保护金属资源的途径：①防止金属_____；②_____废旧金属；③合理开采金属矿物；④开发金属替代品。

2. 废金属的回收利用的优点：一是节约金属资源和节约能源，二是减少环境污染。

构建思维导图（点→线→面→体），如下图所示。

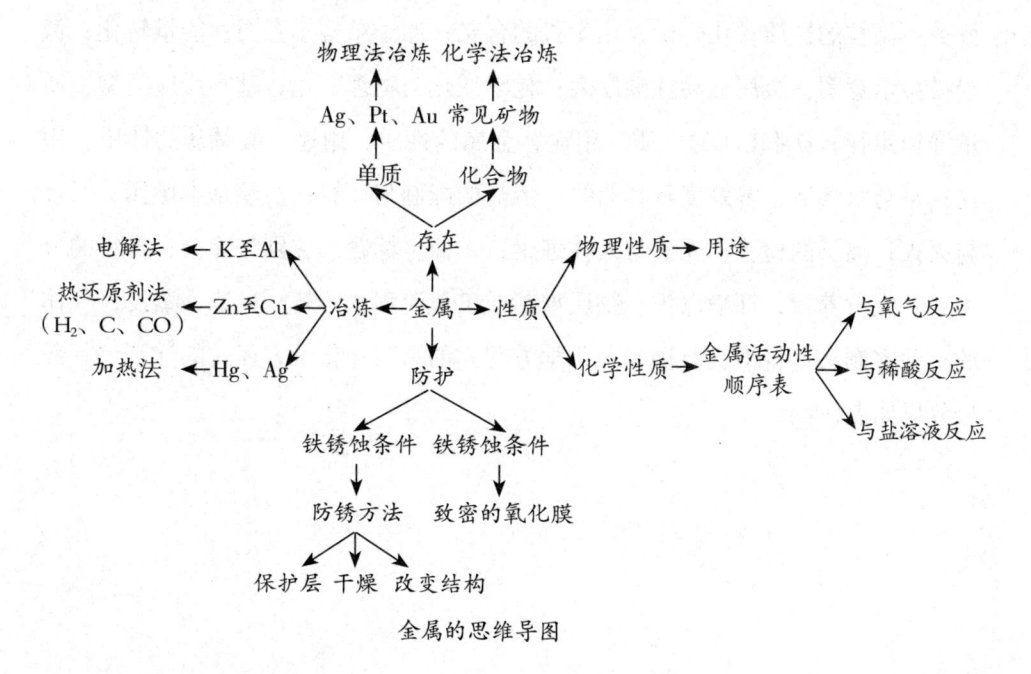

金属的思维导图

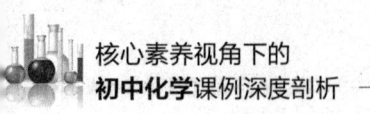

复习学案中的"考点详解"以填空的形式进行编写，便于师生的复习。"看、写、记、思"四位一体将使复习事半功倍，减轻负担，提高效率。"考点详解"对初中化学学习阶段需要掌握的知识进行精心梳理，使知识条理化、网络化、素养化、模块化、系统化、简单化。其中，要列出知识点在教材中的相应页码，便于有学习潜力的部分学生查找、提升、复习。

复习阶段是初中学习的最后阶段，层次递进的知识详解使各个层次的学生都能取得一定的进步。

二、巩固练习的编写及使用

复习学案中的"巩固练习"以近三年全国各地的中考试题为主，并针对福建省中考的重点和热点，强调学以致用。

巩固练习的编写过程：分析福建省近五年中考化学试题；归纳福建省化学中考试题考查的主要知识点；寻找全国各地考查相同知识点的中考化学试题；选择深度、广度、难度适合自己学生的试题编写成复习学案的巩固练习。

分析、归纳、整理福建省近五年中考试题主要考查的33个知识点：物质的分类；微粒的性质；化合价；化学式的含义；原子结构示意图；能量转化；微观模拟示意图；金属活动性顺序表；化学变化与物理变化；基本反应类型；质量守恒定律；O_2和CO_2的性质、用途；金属的性质、用途；酸碱盐的性质、用途；水与水溶液；溶解度及其曲线；溶液的配制与计算；实验基本操作；燃烧与灭火；离子的检验；元素与人体健康；图像坐标题；鉴别与除杂；材料的分类；六大营养素，环境保护；物质推断或工业流程；溶解、过滤、蒸发；气体的实验室制法；科学实验探究；化学方程式的书写；化学方程式的计算。其部分分析如表1所示。

表1 中考试题分析表（部分）

序号	重要知识点	福建省中考化学试题题号					
		2018年	2019年	2020年	2021年	2022年
26	环境保护	1	12（1）（2）	14	14（5）	14（5）
27	物质推断		15			
28	工业流程	14	13；14	14	14	15
29	溶解、过滤、蒸发	4；13	13（2）	15（4）	13（1）	15（4）
30	气体的实验室制法	15（1）	16	3；16	9；16	16
31	科学实验探究	15	10；17	17	9；10；17	17
32	化学方程式的书写	写5个	写5个	写6个	写6个	写8个
33	化学方程式的计算	16	18	18	18	18

巩固练习范例：

一、选择题（每题只有一个选项符合题意）

1.（2023·长沙）2023年我国自主研制的大型灭火、水上救援水陆两栖飞机"鲲龙"已成功首飞，该飞机使用了铝锂合金等多种合金。下列关于铝锂合金说法正确的是（　　）。

A. 铝锂合金的熔点比纯铝更高

B. 铝锂合金的抗腐蚀性能非常差

C. 铝锂合金是混合物

D. 铝锂合金的硬度比纯铝小

2.（2023·重庆）为了提高导弹的运载能力，增大其结构强度，弹体外壳材料通常选择（　　）。

①铝合金　　②硬塑料　　③水泥　　④钛合金

A. ①③

B. ①②④

C. ①④

D. ②③④

3. (2021·重庆) 北宋沈括的《梦溪笔谈》记载："信州铅山有苦泉，流以为涧。挹其水熬之则成胆矾（硫酸铜晶体）。熬胆矾铁釜，久之亦化为铜。"下列叙述错误的是（　　）。

  A."苦泉"的溶质之一——$CuSO_4$

  B."挹其水熬之"——蒸发溶剂

  C."熬胆矾铁釜，久之亦化为铜"——发生置换反应

  D.将浓缩的"苦泉"与NaOH溶液混合——制农药波尔多液

4. (2023·青岛) 防止金属锈蚀能有效保护金属资源。下列防锈方法中，与其他三种方法原理不同的是（　　）。

  A. 表面涂油   B. 表面刷漆

  C. 覆盖塑料   D. 制成合金

5. (2021·北京) 实验研究铁锈蚀影响因素，记录如下。下列分析不正确的是（　　）。

实验装置	序号	其他试剂	200 s时O_2的含量
氧气传感器 5.0g铁粉 0.1g炭粉 其他试剂 空气	①	干燥剂	21%
	②	10滴水	15%
	③	10滴水和1.0 g食盐	8%

  A. ②③中O_2含量减少表明铁已锈蚀

  B. ①②证明水对铁锈蚀有影响

  C. ②③证明食盐能加快铁锈蚀

  D. ①②③证明炭粉对铁锈蚀有影响

6. (2022·嘉兴) 取一段镁条放入盛有少量稀盐酸的试管中，用手摸试管外壁会感觉发烫，反应的化学方程式为$Mg+2HCl=\!=\!=MgCl_2+H_2\uparrow$。下列有关说法正确的是（　　）。

A. 反应中无明显现象

B. 反应是一个吸热反应

C. 反应后溶液中溶质质量减少

D. 反应说明镁能置换出酸中的氢

7.（2022·苏州）铜元素的"化合价与物质类别"对应关系如图。下列有关说法不正确的是（　　）。

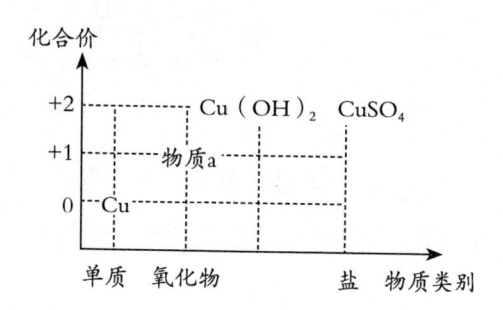

A. $Cu(OH)_2$ 属于碱

B. 物质a的化学式为 Cu_2O

C. Cu可与稀硫酸反应生成 $CuSO_4$

D. $CuSO_4$ 溶液可与氢氧化钠溶液反应生成 $Cu(OH)_2$

8.（2021·吉林）请结合图示分析，下列说法正确的是（　　）。

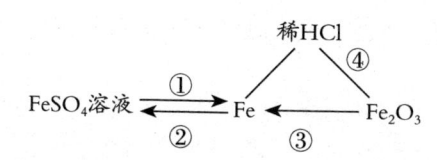

图中"—"表示相连的物质可以发生反应；
"→"表示一种物质可以转化成另一种物质

A. 能实现转化①的金属也一定能和稀硫酸反应

B. 转化②只能通过铁与硫酸铜溶液反应实现

C. 通过与C或CO发生置换反应可实现转化③

D. 反应④中能观察到溶液变为浅绿色

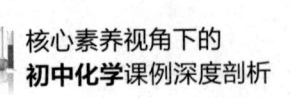

二、非选择题

9.（2023·盘锦）锂电池常用于新能源汽车，钴的主要用途之一是生产锂电池，钴合金被广泛用于火箭发动机等耐热部件中。

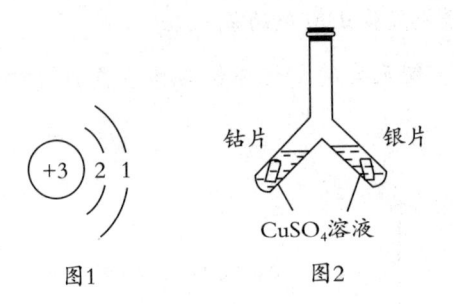

图1

图2

（1）图1表示的是锂_____（填"原子"或"离子"）的结构示意图。

（2）锂电池新能源汽车与传统燃油汽车相比，优点是_____（答出一点即可）。

（3）钴合金属于_____（填"金属材料"或"合成材料"）。

（4）在图2所示实验中，一段时间后，钴片表面有红色物质析出，银片表面无明显现象，由此判断银、钴、铜三种金属活动性由强到弱的顺序是_____。

10.（2022·武汉）某化工厂以废金属（主要成分为Fe和Cu，表面有少量油污）为原料回收海绵铜，并制备氯化铁的工艺流程如图所示。

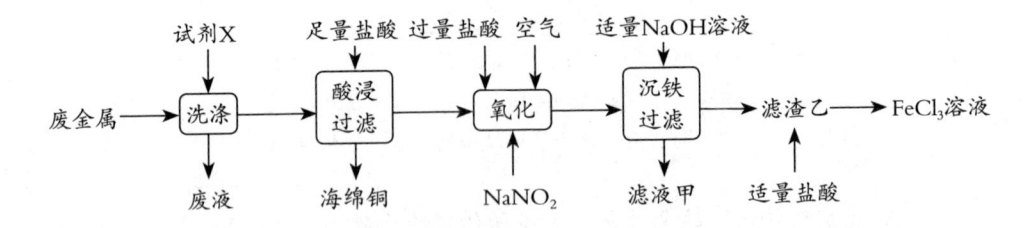

已知：$NaNO_2$易溶于水且不与氢氧化钠反应，在"氧化"中起催化作用，该反应的化学方程式为：$4FeCl_2+4HCl+O_2 \xrightarrow{NaNO_2} 4FeCl_3+2H_2O$。

（1）废金属属于_____（填"纯净物"或"混合物"）。

（2）"洗涤"的目的是去除废金属表面的油污，试剂X最好选用_____

（填标号）。

　　A. 水　　　　　　　　B. 氢氧化钠溶液

　　C. 稀硫酸　　　　　　D. 氯化钠溶液

（3）"酸浸"中发生反应的化学方程式为_____。

（4）"滤液甲"中一定含有的溶质是_____。

（5）向"滤渣乙"中加入适量盐酸，可以观察到的现象是_____。

11.（2023·安徽）已知草酸钙（CaC_2O_4）加热易分解：$CaC_2O_4 \xrightarrow{\triangle} CaO + CO\uparrow + CO_2\uparrow$。

为验证分解产物中既有CO又有CO_2，小明设计如下实验装置。

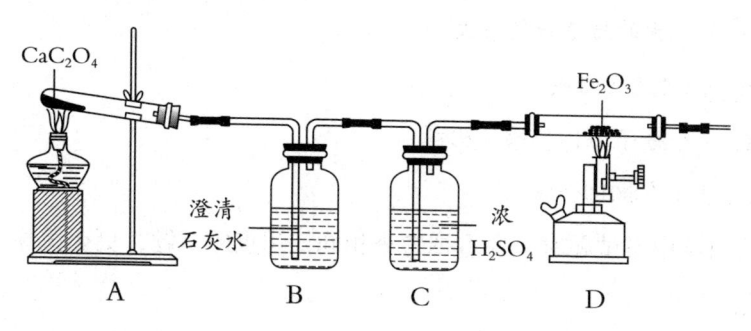

回答下列问题。

（1）B中实验现象是_____，D中硬质玻璃管内发生反应的化学方程式为_____。

（2）Fe_2O_3中铁元素化合价为_____。

（3）小华认为，在D装置后再增加装置B才能验证CO的存在。小明认为不加装置B就可验证。小明的理由是_____。

（4）从环保的角度考虑，该实验装置的不足之处是_____。

三、对接中考试题的编写及使用

复习学案中的"对接中考"以近三年福建省中考试题为主，对以往中考的重点和热点进行对比、分析和练习。

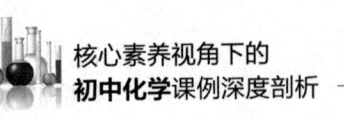

对接中考：热点一　化学式

1.（2022·福建）硫辛酸（$C_8H_{14}O_2S_2$）被称为"万能抗氧化剂"，广泛用于治疗和预防心脏病等多种疾病。下列有关硫辛酸的说法错误的是（　　）。

　　A. 属于有机化合物

　　B. 碳元素质量分数最大

　　C. 由4种元素组成

　　D. 含有1个氧分子

2.（2021·福建）大蒜素（$C_6H_{10}S_2O$）能抑制和杀灭多种细菌。下列有关大蒜素的说法错误的是（　　）。

　　A. 氢元素的质量分数最大

　　B. 由4种元素组成

　　C. 一个分子由19个原子构成

　　D. 属于有机化合物

编写对接中考试题时，要重视考查相同知识点的试题，更要关注其考查形式的变化。

2022年和2023年关于化学式的理解应用，考查形式与往年略有不同，关注变化才能适应变化。

1.（2022·福建节选）理论上，通过测量外星球矿样中氢元素的质量，可换算出矿样中水的质量。若1.0g某矿样含氢的质量为8.0×10^{-5}g，则含水的质量m（H_2O）=＿＿＿＿g。

2.（2023·福建）中国科学家首次从月壤样品中发现新矿物——嫦娥石。学习小组查得资料：嫦娥石是从月壤样品的14万个颗粒中，利用针尖和颗粒之间静电吸附作用，分离出的一个粒径约1.0×10^{-5}m的单晶颗粒，其化学式为$Ca_9NaMg(PO_4)_7$。

请和小组同学一起研究：

（1）嫦娥石的吸附分离过程属于＿＿＿＿＿＿（填"物理变化"或"化学变化"）。

（2）嫦娥石由_____种元素组成。

（3）围绕"人类在月球上生活"的话题，展开月球上嫦娥石应用的讨论：

① 助力农业生产：嫦娥石可作为生产_____（填"氮肥""磷肥"或"钾肥"）的原料。

② 提炼金属单质：若用107.2g嫦娥石提炼金属镁，最多可得镁的质量为_____g（嫦娥石的相对分子质量为1072）。

初中化学学科中考复习学案的编写，其初心是解放教师与学生，提高复习效率，培养学习的信心，形成"以不变的知识点应万变的试题"的观念。

第五篇 论文发表彰显深度反思

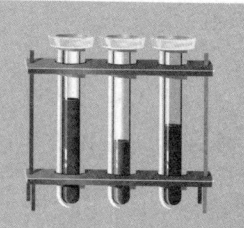

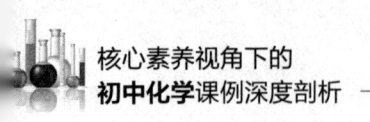

基于证据推理的实验探究

——NaOH与CO₂反应的再探究

《普通高中化学课程标准（2017年版）》将化学学科核心素养分为5个方面：宏观辨识与微观解析；变化观念与平衡思想；证据推理与模型认知；科学探究与创新意识；科学精神与社会责任。证据推理是指具有证据意识，能基于证据对物质变化提出可能的假设，通过分析推理加以证实或证伪；建立观点、结论和证据之间的逻辑关系；知道可以通过分析、推理等方法认识研究对象的本质特征。科学探究是指能发现和提出有探究价值的问题；能从问题和假设出发，依据探究目的，设计探究方案，运用化学实验、调查等方法进行实验探究；勤于实践，善于合作，敢于质疑，勇于创新。化学是一门以实验为基础的自然科学，在实验探究过程中可以培养学生的化学学科核心素养，而基于证据推理的实验探究更能体现化学的学科特点。初中化学中的两个实验"NaOH与CO_2能否反应"和"NaOH溶液吸收CO_2变质后溶液中溶质的成分"是很好的探究题材，其探究过程中涉及证据推理、变化观念、宏观辨识、科学探究、创新意识、科学态度等化学学科核心素养。

一、问题与现状

在探究"NaOH与CO_2能否反应"的教学中，大多数教师利用NaOH溶液与CO_2来进行实验探究。由于NaOH溶液与CO_2气体的反应过程中没有特别明显的可观察的实验现象，经常根据反应后CO_2气体的减少来设计实验，以证明NaOH溶液与CO_2气体能发生化学反应。同时，还要利用控制变量来设计对比实验，排除水与CO_2气体反应对实验的影响。在实际教学过程中，学生还会提出"反应本质是不是CO_2气体先与水反应生成碳酸，碳酸再与NaOH发生中和反应"的疑问。显然，这样的实验设计并不能帮助学生去正确认识NaOH与CO_2之间的反应，学生无法通过实验现象的观察来判断物质间是否发生化学变化和分析化学反应的本质，如果我们利用NaOH固体与CO_2气体来进行实验探究就可以解决上述问题。

在探究"NaOH溶液吸收CO_2变质后溶液中溶质的成分"的专题复习教学中，大多数教师没有思考如何通过控制反应物的质量来实现NaOH溶液的部分变质或完全变质，实际教学中经常是：完全相信试题所呈现的实验情境，进行就题讲题的伪实验探究；配制NaOH与Na_2CO_3混合溶液，进行人为设计的假实验探究。利用容积不同的塑料瓶来收集CO_2气体，然后分别与相同质量的NaOH溶液反应，可了解反应的情况，让学生在真实的实验情境下去探究反应，也让教师在真实的实验探究中去审视试题情境的真实性，共同培养独立思考、敢于质疑批判的精神。

二、实验准备

（一）CO_2气体的制取和收集

二氧化碳必须是纯净干燥的，因此由石灰石与稀盐酸反应产生的二氧化碳气体，经过饱和碳酸氢钠溶液（除去HCl气体）和浓硫酸（吸收水蒸气）后，采用向上排空气法收集。利用软塑料瓶（相同品牌、不同容积的矿泉水瓶）分别收集一瓶380 mL、550 mL和1500 mL的CO_2。

（二）NaOH溶液的配制

配制不含Na_2CO_3的NaOH溶液：将NaOH配成饱和溶液（物质的量浓度为20.28 mol/L），由于Na_2CO_3在饱和NaOH溶液中几乎不溶解，会慢慢沉淀出来，待Na_2CO_3沉淀完全后，可吸取19.7 mL的上层清液，加水稀释至100 mL可得

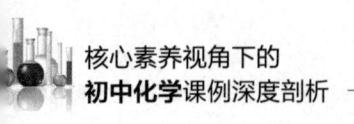

4.0 mol/L的NaOH溶液（20mL溶液中含3.2g，下同）。此外，用来配制NaOH溶液的蒸馏水，也应加热煮沸放冷，除去其中的CO_2。

三、科学探究Ⅰ：设计一个简单实验证明NaOH与CO_2发生反应

（一）提出问题

设计实验证明NaOH溶液与CO_2发生反应，由于CO_2能溶于水且能与水反应，因此要进行对比实验。能否只设计一个简单实验来证明NaOH与CO_2是否发生反应？

教学灵感来自教材下册P46"固体氢氧化钠还能吸收二氧化碳气体而变质"。能否用固体NaOH与CO_2气体来证明两者能发生反应呢？

（二）理论分析（推理）进行实验改进和创新

问题：如何证明CO_2气体被消耗？

学生：用塑料瓶做反应容器，可通过观察塑料瓶变瘪的情况来真切地感知反应是否发生。

问题：如何证明有H_2O生成？

学生：用固体NaOH与纯净干燥的CO_2反应，观察是否有H_2O生成。

问题：如何证明有Na_2CO_3生成？

学生：加入足量的稀盐酸，若有Na_2CO_3，则能产生大量的CO_2气体，理论上Na_2CO_3与稀盐酸反应产生的CO_2等于原来塑料瓶中的CO_2，预测可观察到塑料瓶恢复到原来的形状。

实验改进和创新：

往充满纯净干燥CO_2气体的塑料瓶中加入NaOH固体，旋紧瓶塞，充分振荡。

（三）实验过程和现象记录（证据）

表1　NaOH与CO₂反应的实验过程、现象与结论

实验过程	往充满纯净干燥CO₂的塑料瓶中加入NaOH固体，旋紧瓶塞	振荡10秒钟	充分振荡3～5分钟	将装有4 mL稀盐酸的试管放入塑料瓶中	旋紧瓶塞倾倒试管
实验图示					
现象		塑料瓶内壁模糊	塑料瓶变瘪		产生大量气泡，塑料瓶恢复原状
结论		有水生成	CO₂气体被消耗		有Na₂CO₃生成

（四）实验反思与拓展

NaOH固体与CO₂反应放出热量，反应有水生成。NaOH遇水放出热量，放出的热量会导致塑料瓶软化（甚至熔化）。

注意事项：NaOH不宜过多，约为1.4 g，通过实验前的称量约为1药匙；不断振荡，避免塑料瓶某个地方热量过于集中而熔化；塑料瓶的密封性良好，实验过程中可用水冷却。

四、科学探究Ⅱ：NaOH溶液吸收CO₂变质后溶液中溶质的成分

（一）提出问题

问题来源于2017年湖南怀化市中考化学试题第28题（节选）的探究情境：

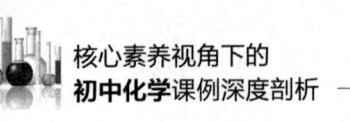

【提出问题】

氢氧化钠溶液中通入CO_2一段时间后，所得的溶液（下面称样品）中会有什么溶质？

【查阅资料】

（1）通入少量的二氧化碳时，NaOH与CO_2反应的化学方程式为：_____。

（2）通入过量的二氧化碳时，发生反应的化学方程式为$Na_2CO_3+CO_2+H_2O == 2NaHCO_3$。

（3）碳酸氢盐都能溶于水，$BaCO_3$难溶于水且是白色固体。

（4）Na_2CO_3、$NaHCO_3$的溶液呈碱性，$BaCl_2$呈中性。

【提出猜想】

A. 溶质是NaOH、Na_2CO_3；　　　　B. 溶质是Na_2CO_3；

C. 溶质是Na_2CO_3、$NaHCO_3$；　　D. 溶质是$NaHCO_3$。

【设计实验方案】

实验步骤	实验现象	实验结论
①取少量样品于试管中，滴加几滴_____试液（填酸碱指示剂）	溶液变红色	该溶液显碱性
②另取少量样品于试管中，滴加过量的$BaCl_2$溶液	有白色沉淀生成	猜想D不成立
③取步骤②静置后的上层清液，滴入稀盐酸	有气泡冒出	猜想A和B不成立

注：圈内的内容为主要问题来源和探究内容。

【得出结论】猜想C成立。

向学生展示上述试题，学生马上联想到新课讲授时对NaOH溶液吸收CO_2变质后其溶液中溶质的成分的猜想，如下：①NaOH和Na_2CO_3（NaOH部分变质）；②Na_2CO_3（NaOH完全变质）。在学生产生强烈的思维冲突下适时向学生提出问题：

问题1：实验中如何控制CO_2的质量来使得NaOH部分变质或完全变质？

通入CO_2一段时间，显然无法控制反应的进程。

问题2：变质后溶液中溶质的成分是4种情况还是2种情况？

问题3：如何采用正确的实验方法来证明反应后溶液中溶质的成分？

（二）通过理论分析（推理）进行实验改进和创新

教学灵感来自矿泉水塑料瓶有固定的容积，可控制CO_2气体的体积（质量）。常温时，CO_2气体的密度为1.977 g/L。550 mL塑料矿泉水瓶充满CO_2（CO_2约为1.08 g）；1500 mL塑料矿泉水瓶充满CO_2（CO_2约为2.95 g）。通过多次计算选择这两种规格的塑料瓶以达到教学和实验的目的。

问题：计算20 mL NaOH溶液（含3.2 g NaOH）要与多少克CO_2反应完全生成Na_2CO_3？

学生：通过$2NaOH+CO_2 \mathrm{=\!=\!=} Na_2CO_3+H_2O$计算可知，3.2 g NaOH要与1.76 g$CO_2$反应才能完全反应生成$Na_2CO_3$。

问题：已知550 mL塑料瓶中的CO_2约为1.08 g，1500 mL塑料瓶中的CO_2约为2.95 g。分别往550 mL和1500 mL塑料瓶（充满纯净干燥CO_2）中加入20 mL NaOH溶液，迅速旋紧瓶塞，充分振荡。你预测反应的现象是什么？

学生：从1.08 g<1.76 g<2.95 g的关系，可预测反应的现象为550 mL的塑料瓶会完全变瘪（塑料瓶中CO_2完全反应）；1500 mL的塑料瓶不会完全变瘪（塑料瓶中CO_2有剩余）。

（三）实验过程和现象记录（证据）

学生分组实验：利用大理石与稀盐酸反应产生CO_2气体，并依次通过装有饱和碳酸氢钠溶液和浓硫酸的洗气瓶，收集两瓶（550 mL塑料瓶、1500 mL塑料瓶）纯净干燥的CO_2气体；分别快速地倒入20 mL的NaOH溶液，旋紧瓶塞，充分振荡，观察现象。

实验现象：反应放出大量的热，两个塑料瓶几乎都完全变瘪。

问题：两个塑料瓶几乎都完全变瘪（如图1所示），说明什么？

图1　塑料瓶变瘪的情况

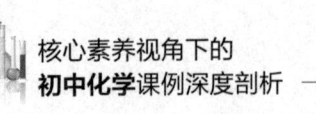

学生：CO_2能继续发生反应。

引导学生查阅资料收集证据：

NaOH与CO_2的反应情况为：$2NaOH+CO_2 == Na_2CO_3+H_2O$；

$Na_2CO_3+CO_2+H_2O == 2NaHCO_3$。

问题：根据上述资料你能做出更合理的猜想吗？

学生：根据以上的反应，可以推理出反应后溶液中溶质的4种情况。

（1）Na_2CO_3、NaOH（部分NaOH与CO_2反应生成Na_2CO_3）；

（2）Na_2CO_3（NaOH与CO_2恰好完全反应生成Na_2CO_3）；

（3）Na_2CO_3、$NaHCO_3$（部分Na_2CO_3与CO_2反应生成$NaHCO_3$）；

（4）$NaHCO_3$（Na_2CO_3与CO_2恰好完全反应生成$NaHCO_3$）。

由于对$NaHCO_3$这种物质的了解有限，应指导学生查阅$NaHCO_3$的相关资料：

（1）20 ℃时，在水中，$NaHCO_3$的溶解度为9.6g（Na_2CO_3的溶解度为21.8g）。

（2）其水溶液在20 ℃时开始分解出二氧化碳和碳酸钠，到沸点时全部分解。

（3）溶于水时呈现弱碱性。25 ℃新鲜配制的0.1 mol/L $NaHCO_3$水溶液pH为8.3。

教师提示：酚酞的变色范围pH为8.2～10.0，由无色变红色。

理论分析推理：引导学有余力的学生可以通过计算求出两个塑料瓶中溶质的成分和质量。通过理论计算去预测反应的现象和结果可以提升学生科学探究的有效性。

550 mL塑料瓶中溶液的溶质是：2.60 g Na_2CO_3和1.74 g NaOH。

1500 mL塑料瓶中溶液的溶质是：1.37 g Na_2CO_3和4.54 g $NaHCO_3$。

由于反应放出大量的热，可将塑料瓶放于冰水中冷却后再进行观察和验证。

问题：设计实验验证550 mL塑料瓶中溶液的溶质是什么物质？

表2 验证550 mL塑料瓶中溶液的溶质成分

实验过程	加入过量BaCl₂溶液至不再产生沉淀	过滤	取滤液于试管中滴加2滴BaCl₂溶液	滴加3滴酚酞试液
实验图示				
现象	产生白色沉淀		没有明显现象	无色变为红色
结论	含有Na₂CO₃		完全除去Na₂CO₃	含有NaOH

结论：550 mL塑料瓶中溶液的溶质是Na_2CO_3和NaOH。

问题：1500 mL塑料瓶中溶液的溶质有什么物质？

学生：冷却后，1500 mL塑料瓶中会有大量固体析出（如图2所示），从资料中可知$NaHCO_3$的溶解度较小，析出的固体是$NaHCO_3$，说明瓶中的溶液为$NaHCO_3$的饱和溶液。

图2 冷却后析出晶体

（四）实验反思和拓展

在课前实验准备过程中发现两个"异常"的实验现象：

（1）向1500 mL塑料瓶内的混合溶液（理论上为含有Na_2CO_3的$NaHCO_3$饱和溶液）中滴加BaCl₂溶液，滴加过程中不断有小气泡产生（刚开始时气泡较少，后来气泡逐渐增多）。

（2）滴加BaCl₂溶液至不再产生沉淀，取上层清液滴加足量稀盐酸却看不到有气泡产生；取上层清液滴加酚酞试液也看不到溶液显红色。

可能原因：$NaHCO_3$溶液不稳定，在20 ℃时开始分解出二氧化碳和碳酸

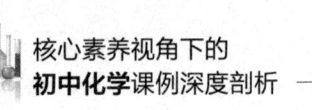

钠，分解产生的Na_2CO_3与加入的$BaCl_2$溶液反应，导致最终$NaHCO_3$完全分解。

验证实验：取约2 mL 4 ℃ 0.1 mol/L的$NaHCO_3$溶液于试管中，滴加几滴$BaCl_2$溶液。

现象：有白色沉淀生成。

实验说明$NaHCO_3$溶液不稳定，会分解生成Na_2CO_3。

在论文学习过程中，得知通过手持技术设计实验与理论推导相结合的方法，最终得出在常量范围内可用氯化钡来鉴别碳酸钠和碳酸氢钠的结论，但在初中化学实验室是很难达到的。试题利用"滴加$BaCl_2$溶液有白色沉淀生成来得到溶质中没有$NaHCO_3$"的实验方法和结论是不够准确的。

NaOH与CO_2恰好反应生成Na_2CO_3，Na_2CO_3溶液与CO_2反应全部生成$NaHCO_3$，这两种情况在实际实验中是很难做到的，可以引导学生从化学学科核心素养"变化观念与平衡思想"的角度去理解。

五、几点思考

科学探究是让我们设计出简单可行的化学实验方案而不是把实验复杂化，探究之前进行理论分析推理可减少实验的错误率和一些不必要的对比实验。平时教学中教师应注重培养学生的分析推理和实验创新能力，让学生完成自己设计的实验而不是教师事先设计好的实验。

反应的可能性（理论分析、计算等得出的）和反应的现实性（在一定条件下反应实际发生时的具体情况）之间存在区别和辩证关系。这次无法通过实验确定1500 mL塑料瓶中的溶液是否含有Na_2CO_3？这是本次实验探究中遗留的一个问题，在今后的教学过程中可以继续探究。

试题的命制过程中涉及实验探究的情境时，应充分考虑实验的现实性、实验探究情境的真实性，而不是凭空想象或随意捏造。教师对试题应该心存敬意（试题命制是一件很不容易的事），但也要有自己的见解和看法，教师要先有思辨和批判的精神，才能培养学生思辨和批判的精神。

参考文献：

[1] 中华人民共和国教育部制定.普通高中化学课程标准（2017年版）[S].北京：人民教育出版社，2017.

[2]《中学教师化学手册》编委会.中学教师化学手册[M].北京：科学普及出版社，1981.

[3] 武汉大学，吉林大学.无机化学下册（第三版）[M].北京：高等教育出版社，2000.

[4] 杨飞，马宏佳.用氯化钙或氯化钡鉴别碳酸钠与碳酸氢钠溶液的再认识[J].化学教育，2014，35（11）82-84.

[5] 蒋良.对氯化钙溶液与氢氧化钠溶液混合能否反应的探讨[J].化学教与学，2017，10：66-70.

（本文是福建省"十三五"第一批中学化学学科教学带头人培训对象研究课题（课题编号XKHX2017012）的阶段成果，2019年1月发表于《考试周刊》第6期（CN22-1381/G4））

以真实的试题实验情境培育学生的核心素养

在中学阶段，学生能参与实验探究的机会有限，更多的是从实验探究题中感受化学学科的魅力和理念，感知科学家和科研人员探索和认知物质的科学过程，培养和提升自身的学科核心素养。一道优质试题可以让学生在短短10分钟内通过对试题中展现的控制探究实验条件、实验操作、测定和记录实验现象、处理实验数据和分析实验误差、对实验进行拓展创新等过程获得感性的认知，借助比较、分析、综合、归纳、演绎、模型认知等逻辑推理方法以及假说、想象、直观、类比等非逻辑方法的运用获取理性的知识。

优质试题是落实立德树人根本任务、发展素质教育、弘扬科学精神、提升学生核心素养的重要载体。新课标提出化学学业水平考试命题必须坚持以核心素养为导向，准确把握"素养""情境""问题""知识"4个要素的定位与相互联系，建构以化学学科核心素养为导向的命题框架。真实的试题实验情境才能解决实际问题，才能促进学生从知识向能力的有效转化，才能培育学生学科核心素养。下面列举几道实验探究题，探究其实验情境的真实性。

一、以定性实验简单代替定量实验

2019年上海中考化学试题（节选，略做改编和省略）：

探究在20 ℃时配制硝酸钾溶液过程中溶质质量分数与加入水的质量关系。

向一定质量硝酸钾中分4次加水，每次加25 g，充分搅拌，第1、2次加水后硝酸钾固体有剩余，第3、4次加水后硝酸钾固体没有剩余（20 ℃时，硝酸钾的溶解度为31.6 g）。

坐标图（如图1）中，符合实验结果的描点可能是_____（选填编号）。

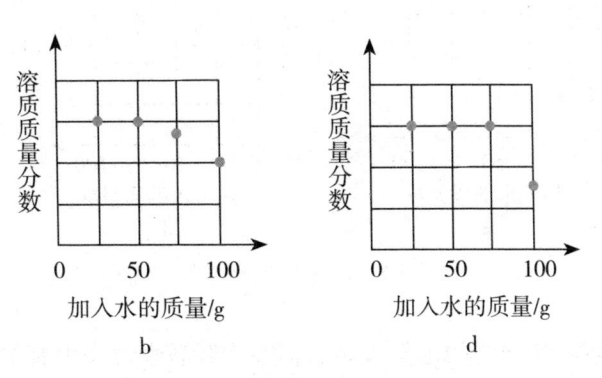

图1 试题中的坐标图

定性分析：第一次加25 g水，烧杯中有硝酸钾固体，是硝酸钾饱和溶液；第二次加25 g水，烧杯中有硝酸钾固体，是硝酸钾饱和溶液；第三次加25 g水，烧杯中没有硝酸钾固体，可能是硝酸钾饱和溶液或不饱和溶液；第四次加25 g水，烧杯中没有硝酸钾固体，一定为硝酸钾不饱和溶液。所以符合实验结果的描点可能是b和d。

定量分析：20 ℃时，硝酸钾的溶解度为31.6 g。若第3次加水后的溶液恰好为饱和溶液，那么实验中取用的硝酸钾质量为23.7 g，前3次加水后溶液的溶质质量分数均为24.0%，而第4次加水后溶液的溶质质量分数为23.7 g /123.7 g × 100%=19.2%。若第3次加水后的溶液为不饱和溶液，那么实验中取用的硝酸钾质量小于23.7 g，假设为23 g，那么第1、2次加水后溶液的溶质质量分数均为24.0%，第3次加水后溶液的溶质质量分数为23 g /98 g × 100%=23.5%，第4次加水后溶液的溶质质量分数为23 g /123 g × 100%=18.7%。

存在的问题：

综上分析，可知中考原题中d图中的点存在问题，不能真实反映实验结果，应进行如图2所示的修改：将d图中最后一个点上移到19.2%。

图2 修改后的坐标图

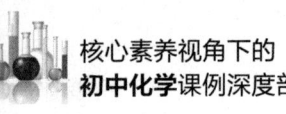

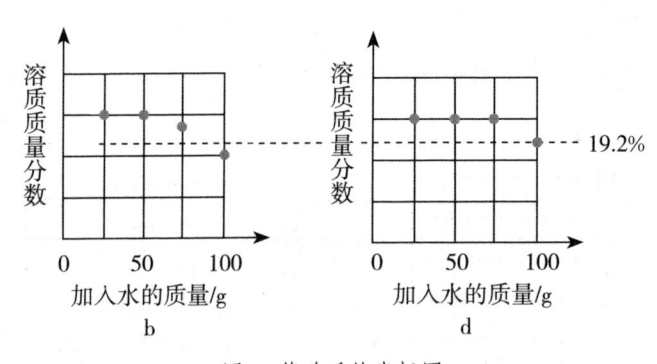

溶解度是溶解性强弱的定量表示，但在实际教学过程中有部分教师经常以定性实验对待溶解度，判断某溶液是否饱和也经常简单通过判断溶液中是否有剩余固体，而没有考虑饱和溶液与不饱和溶液之间的转化存在一个平衡点（恰好饱和状态）。建议在教学过程中以定量实验的要求和标准完成溶解度的相关实验，比如让学生配制一杯20℃时恰好饱和的硝酸钾溶液。

二、在控制变量法实验中违背控制变量法

2017年常州市中考化学模拟试题（节选）：

探究二氧化碳分别与水、饱和石灰水、氢氧化钠溶液的反应情况。实验步骤如下：

（1）如图3所示装置的气密性良好，三瓶 250 mL 的烧瓶内收集满CO_2气体，三个注射器内各装有 85 mL 的液体（分别是水、饱和石灰水、40%的氢氧化钠溶液）。连接好装置和压强传感器。

（2）三位同学同时迅速将注射器内 85 mL 的液体注入各自烧瓶中，关闭活塞。

（3）一段时间后，同时振荡烧瓶。观察压强传感器实时地传回烧瓶内气压变化数据，形成的图像情况如图4所示。

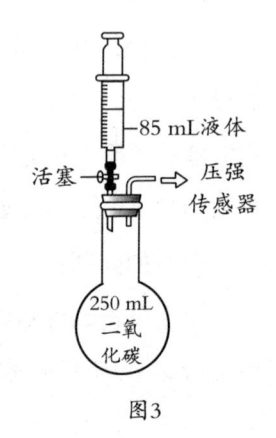

图3

图4

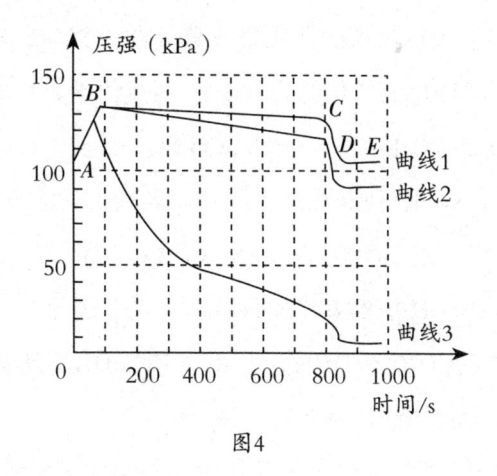

试回答下列问题：

对比曲线1、2、3，不能得出结论的是_____。

① CO_2能与水发生反应

② 1体积水约溶解1体积CO_2

③ CO_2能与NaOH溶液发生反应

④ 检验CO_2用饱和澄清石灰水较合适

⑤ 吸收CO_2用NaOH溶液较合适

试题分析：

该实验探究题以控制变量法探究水、饱和澄清石灰水、40%的氢氧化钠溶液与CO_2气体的反应情况，分析烧瓶内气压变化曲线图得出结论。

存在的问题：

结论中"吸收CO_2用NaOH溶液较合适"存在不合理的地方，容易让学生理解为NaOH吸收的CO_2比Ca(OH)$_2$多。

变量是指实验中可以变化的因子，其中改变的因子称为调节变量，又称自变量。在一个设计良好的实验中，除了要观察的变量外，其他变量都应该始终保持相同，这就是控制变量。探究CO_2分别与饱和澄清石灰水、氢氧化钠溶液的反应情况，应该采用溶质质量分数相同的NaOH溶液和饱和澄清石灰水进行实验才符合控制变量法的要求。

20 ℃时，饱和澄清石灰水的溶质质量分数约为1.7%，85mL的饱和澄清石灰水中所含溶质Ca（OH）$_2$的质量约为0.14 g。通过化学方程式：Ca（OH）$_2$+CO$_2$ === CaCO$_3$↓+H$_2$O和2NaOH+CO$_2$ === Na$_2$CO$_3$+H$_2$O计算，0.14 g Ca（OH）$_2$可吸收0.083 g CO$_2$，0.14 g NaOH可吸收0.077 g CO$_2$。若通过化学方程式：Ca（OH）$_2$+2CO$_2$ === Ca（HCO$_3$）$_2$和NaOH+CO$_2$ === NaHCO$_3$计算，0.14 g Ca（OH）$_2$可吸收0.166 g CO$_2$，0.14 gNaOH可吸收0.154 g CO$_2$。通过上述计算可知在质量相同的条件下Ca（OH）$_2$吸收的CO$_2$比NaOH多。因此，用NaOH溶液来吸收CO$_2$不是因为NaOH吸收的CO$_2$多，而是所用的NaOH多。

此实验探究题的情境多次被命题者采用，如2019年无锡市中考化学试题、2019年福建中考模拟试题，以及众多的教学辅导材料。对于实验探究题的情境，命题者应持有一定的批判质疑精神和科学探究态度。

三、改编试题而不改变数据

2019—2020学年泉州市期末质量检查化学试题（节选）：实验室制取氧气和二氧化碳。

如下表所示，往三份等质量的大理石中分别加入足量的等质量的酸，它们产生二氧化碳的体积随时间变化的曲线如图5所示。

编号	药品
Ⅰ	块状大理石、10%硫酸
Ⅱ	块状大理石、5%盐酸
Ⅲ	大理石粉末、10%硫酸

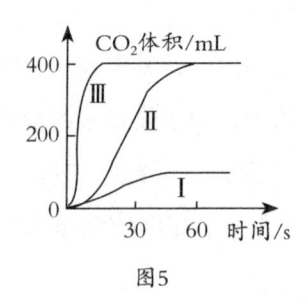

图5

2019年上海市中考化学试题（节选）：实验室制备并收集二氧化碳。

选用药品。按下表进行实验，取等质量的大理石加入足量酸中（杂质不与酸反应），产生二氧化碳体积随时间变化曲线如图6所示。

实验编号	药品
Ⅰ	块状大理石、10%H_2SO_4溶液
Ⅱ	块状大理石、7%HCl溶液
Ⅲ	大理石粉末、7%HCl溶液

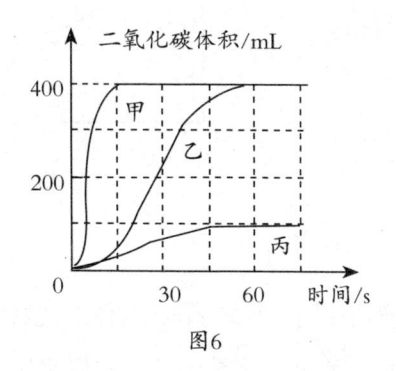

图6

试题分析：

从以上两道试题中，不难看出试题间存在太多相似之处：上海试题为原创，考查学生分析数据的能力，解决实验时药品的选择问题；泉州试题为改编，主要考查学生获取和分析信息的能力。对试题进行改编本无可厚非，但对于实验数据也应做相应的调整处理，本着科学态度和探究精神更应该进行实验探究。

存在的问题：

改编后的试题出现一个明显的问题，就是块状大理石和5%盐酸的反应速率与大理石粉末和10%硫酸的反应速率的大小关系。解决这一问题的唯一办法就是真正进行实验探究，然后得到数据，再根据数据绘制产生二氧化碳体积随时间变化曲线图，而不应该直接拷贝原创试题中的数据。这样的改编不仅造成试题情境的不真实，更会使同时做过这两道试题的学生产生困惑，不利于培养学生的学科核心素养。

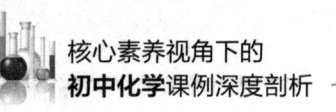

四、为创新试题而造成错误

2019—2020学年南平市期末质量检查化学试题（节选）：探究如何有效吸收煤粉燃烧产生的SO_2。

如图7所示，烧瓶内装有SO_2气体，依次用注射器注入相同体积的水、澄清石灰水、浓氢氧化钠溶液，得到烧瓶内气压随时间变化的曲线图，如图8所示。

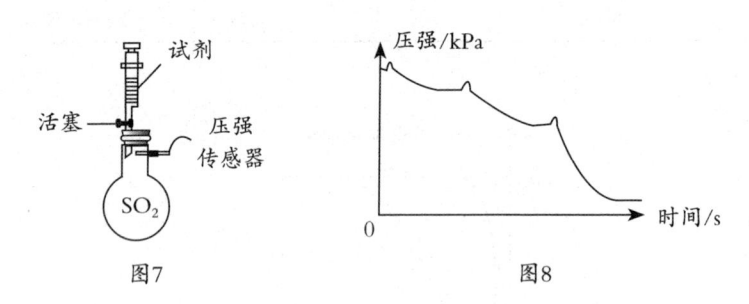

图7

图8

试题分析：

实验探究的主要情境是往同一个装满SO_2气体的烧瓶中用注射器依次注入相同体积的水、澄清石灰水、浓氢氧化钠溶液。常温常压下，1体积水能溶解40体积的SO_2气体，为保证实验在理论上能成功，若烧瓶的体积为500 mL，则第一次加入水的体积应控制在3 mL之内，加入水后烧瓶内气体大约减少了120 mL，根据$PV=nRT$，可得到加水充分反应后P_1=0.76P（大气压）；第二次加入3 mL饱和石灰水，由于其溶质质量分数为1.7%，难于快速与SO_2气体反应，而是落到烧瓶底部与亚硫酸溶液以及第一次水中溶解的SO_2气体反应，第二次加入饱和石灰水后使瓶内气压减少的原因不是氢氧化钙与SO_2气体反应，而是石灰水中的水溶解了瓶内的部分SO_2气体。

存在的问题：

这道实验探究题的实验设计是不科学的，控制变量是将复杂问题研究的思路进行简化，而本题的设计反而将问题变得更为复杂，其实验情境的真实性是经不住探究的。

五、反思

优质的试题是命题人员智慧的结晶,这些试题对于一线教师来说是很好的资源。教师在工作中可以充分借鉴各种核心素养为导向的试题,分析试题的命制手法、试题特征,或者将试题通过内容调整或形式变换等形式进行改编,让优质试题为我所用,为作业设计和试题编制提供参考。在信息化教学时代,如果教师缺乏主动研究实验情境的意识,忽视试题的教学功能,对试题的质量不能进行合理的评价和解析,那么其所推广的试题将则难以促进学生学科核心素养的形成与发展,甚至会对学生后续的学习造成不可估量的伤害。

真实的实验情境有助于学生巩固强化基础知识,促进学生的思维发展,培养学生的问题解决能力,为学生提供丰富生动的感性材料和学习情境,以其自身的实践性、生动性、广泛性、多样性为学生从感性认识到理性的飞跃提供扎实可靠的源泉和推动力。

参考文献:

[1] 中华人民共和国教育部制定.普通高中化学课程标准[S].北京:人民教育出版社,2018:68.

[2] 邹国华.试题改编为作业的策略[J].化学教学,2016(7):71-74.

(本文2020年9月21日发表于《学苑教育》(CN13-1386/G4))

氢氧化钠固体与二氧化碳气体反应的理论分析与实验研究

一、问题提出

氢氧化钠溶液与二氧化碳气体的反应是初中化学重要的教学内容。化学反应是有条件的。化学反应除了与物质本身的性质有关之外,还与许多因素,如反应物的浓度、表面积、反应的温度以及催化剂等因素有关。初中化学教材中设置了氢氧化钠溶液与二氧化碳气体反应的实验内容,有的教师对该实验内容进行了创新性设计,值得一提的是姚亮发研究团队提出了氢氧化钠固体和二氧化碳气体反应的实验设计。然而对于氢氧化钠固体是否能与二氧化碳气体发生反应,许多教师存在着困惑。部分教师认为氢氧化钠固体中没有自由移动的氢氧根离子,所以氢氧化钠固体与二氧化碳气体之间不能反应;也有教师认为氢氧化钠固体易吸收水分使表面潮解为氢氧化钠溶液或者二氧化碳气体中含有少量水蒸气,因此,氢氧化钠固体与二氧化碳气体之间的反应实际还是氢氧化钠溶液与二氧化碳气体之间的反应。

对于氢氧化钠固体和二氧化碳气体究竟是否能发生反应,作者决定从理论层面上进行深入探究。文章从吉布斯自由能、平衡常数、反应速度三个维度对氢氧化钠固体与二氧化碳气体反应进行理论分析,并与氢氧化钠溶液和二氧化碳气体反应进行对比分析,在理论分析的基础上进行实验研究并进一步优化实验方案。

二、理论分析

（一）吉布斯自由能

根据化学热力学原理，吉布斯自由能综合反映体系的焓及熵两种状态函数，由它的变化可以判断反应过程的自发性。若体系的状态发生了变化，其吉布斯自由能的变化值用 $\Delta_r G_m^\theta$ 表示。一般说来：当 $\Delta_r G_m^\theta > 41.84$ kJ·mol^{-1}，可以认为反应是不能进行的；当 $0 < \Delta_r G_m^\theta < 41.84$ kJ·mol^{-1}，存在着改变外界条件使平衡向更有利生成产物的方向转化的可能性，需具体情况具体分析；当 $\Delta_r G_m^\theta = 0$，反应的可能性是存在的；当 $\Delta_r G_m^\theta < 0$，反应有可能进行。

可以通过下列方法计算 $\Delta_r G_m^\theta$：

公式一：$\Delta_r G_m^\theta = \sum v_B \Delta_f G_m^\theta (B)$；

公式二：$\Delta_r G_m^\theta = \Delta_r H_m^\theta - T \Delta_r S_m^\theta$。

依据这两个公式，结合298.15K时反应中各物质的热力学数据（表1），可分别计算出常温下氢氧化钠固体与二氧化碳气体反应以及氢氧化钠溶液与二氧化碳气体反应的吉布斯自由能，进而从理论上分析氢氧化钠固体与二氧化碳气体反应的可行性。

表1　298.15 K时反应中各物质的热力学数据

	2NaOH（s）	CO$_2$（g）	Na$_2$CO$_3$（s）	H$_2$O（l）	2OH$^-$（aq）	CO$_3^{2-}$（aq）
$\Delta_f H_m^\theta$（kJ·mol^{-1}）	−425.609	−393.509	−1130.68	−285.830	−229.994	−677.14
S_m^θ（J·K^{-1}·mol^{-1}）	64.455	213.74	134.98	69.91	−10.75	−56.9
$\Delta_f G_m^\theta$（kJ·mol^{-1}）	−379.494	−394.359	−1044.44	−237.129	−157.244	−527.81

1. 利用物质的标准摩尔生成吉布斯自由能计算吉布斯自由能

依据公式一的计算，可得出氢氧化钠固体与二氧化碳气体反应的吉布斯自由能为−128.222 kJ·mol^{-1}，氢氧化钠溶液与二氧化碳气体反应的吉布斯自由能为−56.092 kJ·mol^{-1}。这一计算结果说明常温下氢氧化钠固体或氢氧化钠溶液与二氧化碳气体均能自发反应，且反应进行的趋势较大。

2. 利用吉布斯–亥姆霍兹方程计算吉布斯自由能

依据公式二计算得出氢氧化钠固体与二氧化碳气体反应的吉布斯自由能为$-130.71 \ \text{kJ} \cdot \text{mol}^{-1}$，氢氧化钠溶液与二氧化碳气体反应的吉布斯自由能为$-56.036 \ \text{kJ} \cdot \text{mol}^{-1}$。通过上述计算结果可得出：氢氧化钠固体或氢氧化钠溶液与二氧化碳气体在常温下都可以自发进行反应。

（二）平衡常数

平衡常数数值的大小只能大致告诉我们一个反应所能进行的最大限度，并不能预示反应达到平衡所需要的时间。根据$\Delta_r G_m^\theta = \Delta_r G_m - RT \ln J_a$，当化学反应处于平衡状态时，$\Delta_r G_m^\theta = 0$，$J_a = K_a$，所以$\Delta_r G_m^\theta = -RT \ln K_a$。由此可以解得：298.15 K时，氢氧化钠固体与二氧化碳气体反应：$K = 7.95 \times 10^{22}$，氢氧化钠溶液与二氧化碳气体反应：$K = 6.60 \times 10^9$。

通过上述计算结果可得：常温下氢氧化钠固体与二氧化碳气体的反应程度远大于氢氧化钠溶液与二氧化碳气体的反应程度。

（三）反应速度

经典热力学所涉及的都是平衡问题，而研究化学反应必然要涉及反应的历程问题，因此必须同时考虑学热力学因素和动力学因素，有时动力学因素甚至可能成为主要因素。

化学反应速率首先取决于反应物的内部因素，还与反应物的颗粒大小、表面积、浓度、温度、催化剂等因素有关。根据$2\text{NaOH} + \text{CO}_2 =\!=\!= \text{Na}_2\text{CO}_3 + \text{H}_2\text{O}$计算，标况下350 mL的二氧化碳气体恰好完全反应需要氢氧化钠固体1.25 g。不同表面积的氢氧化钠固体的反应速率对比如表2。通过对比实验可以得出粉末状的氢氧化钠固体与二氧化碳气体的反应速率最大。

表2　不同表面积的氢氧化钠固体与二氧化碳气体充分反应的时间（平均值）对比表

药品	NaOH固体	NaOH固体	NaOH固体
质量（g）	1.25	1.25	1.25
颗粒大小	片状	颗粒状	粉末状
矿泉水瓶完全变瘪的时间（s）	200	150	55

三、实验研究

通过反应速率的对比研究，确定粉末状的氢氧化钠固体为反应物，研究确定氢氧化钠固体与二氧化碳气体反应的实验方案，具体如下：

（一）实验仪器和药品

350 mL塑料矿泉水瓶（矿泉水瓶质地应当适中，太厚的塑料瓶变瘪现象不明显，太薄的塑料瓶容易被熔化导致实验失败），NaOH固体（分析纯），二氧化碳气体（自制）。

（二）实验过程

（1）收集一瓶（350 mL塑料矿泉水瓶）纯净干燥的二氧化碳气体。二氧化碳气体必须除杂、干燥，在制取二氧化碳气体的过程中会混有氯化氢气体和水蒸气，将气体依次通过饱和碳酸氢钠溶液和浓硫酸可得纯净干燥的二氧化碳气体。

（2）为防止氢氧化钠固体吸收水蒸气并与空气中的二氧化碳反应，取适量干燥过的颗粒状氢氧化钠固体，在隔绝空气的条件下将氢氧化钠固体研成细的粉末。

（3）迅速将研磨好的氢氧化钠粉末倒入充满二氧化碳气体的塑料瓶中，盖好瓶盖，充分振荡约60秒，边振荡边观察现象。

（三）实验现象与结论

振荡20秒左右时可观察到塑料瓶内壁有白色糊状物质附着，说明有水生成，证明氢氧化钠固体与二氧化碳气体发生了反应；振荡过程中塑料瓶逐渐变瘪至几乎完全变瘪，说明塑料瓶中气体压强变小，证明二氧化碳气体与氢氧化钠固体发生了反应。

（四）实验注意事项

氢氧化钠固体具有腐蚀性，实验时应佩戴手套、护目镜等实验防护用品并进行规范操作，注意实验安全。氢氧化钠固体与二氧化碳气体开始反应后有水生成，氢氧化钠固体溶于水会放出大量的热，因此实验过程中应充分振荡塑料

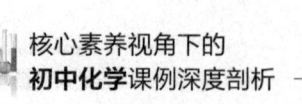

瓶，避免其因长时间受热而熔化。若塑料瓶壁出现熔化现象应立即停止实验，防止振荡时瓶内物质飞溅。

部分偏远乡村学校或缺乏设备的学校无法开展教材中有关氢氧化钠溶液与二氧化碳气体反应的实验，不能让学生在真实的情境中进行科学实验探究，不利于学生实验素养的培养。但文章提出的氢氧化钠固体直接与二氧化碳气体反应的实验方案，该实验仪器便于携带，操作简单有趣，实验现象明显，有效提升了实验教学的效益，适宜在乡村学校推广应用。

参考文献

［1］姚亮发，郑柳萍，张贤金.氢氧化钠固体和二氧化碳反应实验的创新设计［J］.化学教育（中英文），2020，41（3）：46.

［2］傅献彩，沈文霞，姚天扬，等.物理化学（第五版）上册［M］.北京：高等教育出版社，2006.

［3］北京师范大学，华中师范大学，南京师范大学.无机化学上册（第三版）［M］.北京：高等教育出版社，1994.

（基金项目：福建省教育科学"十四五"规划2021年度课题"基于学科核心素养的初中化学课例研究"（课题编号：FJJKZX21-252）。2022年2月发表于《福建基础教育研究》（CN35-1298/G4）第158期）。